叶开的魔法语文

YE KAI DE MOFA YUWEN

叶开 主编

第一课

用七个关键词描述自己

YONG QIGE GUANJIANCI MIAOSHU ZIJI

百花洲文艺出版社
BAIHUAZHOU LITERATURE AND ART PRESS

图书在版编目（CIP）数据

用七个关键词描述自己 / 叶开主编. -- 南昌 :百花洲文艺出版社, 2018.4

（叶开的魔法语文）

ISBN 978-7-5500-2743-5

Ⅰ. ①用… Ⅱ. ①叶… Ⅲ. ①作文－中小学－选集 Ⅳ. ①H194.5

中国版本图书馆CIP数据核字（2018）第054049号

用七个关键词描述自己

叶　开　主编

出 版 人	姚雪雪
责任编辑	王俊琴
书籍设计	赵　霞
插　　画	饶凯西
制　　作	何　丹　周璐敏
出版发行	百花洲文艺出版社
社　　址	南昌市红谷滩世贸路898号博能中心一期A座20楼
邮　　编	330038
经　　销	全国新华书店
印　　刷	天津旭丰源印刷有限公司
开　　本	720mm×1000mm　1/16　印张　14
版　　次	2018年7月第1版第1次印刷
	2021年9月第1版第3次印刷
字　　数	100千字
书　　号	ISBN 978-7-5500-2743-5
定　　价	39.00元

赣版权登字　05-2018-116

邮购联系　0791-86895108

网址　http://www.bhzwy.com

图书若有印装错误，影响阅读，可向承印厂联系调换。

爱写作的孩子是一座魔法星球

叶　开

感谢读者朋友打开这本书，感谢你们看到我写的这篇小序。

请允许我略微骄傲地向你们介绍这套独一无二的作品集。

收入这套十二册近百万字的作品集，不是大家习以为常的课堂作文集、满分作文集、考试作文集，而是一整套由小学生和初中生自己创作出来的、风格独特、形态各异的优秀文学作品集。

我曾给这些孩子讲授一门“深阅读课程”。每次课后布置写作，孩子们立即“占楼”，并“光速”交作业。我每次都读得愉快兴奋，常常熬夜给他们的作文写下很长的分析和评语。

我精心挑选出来很多作品和孩子们一起阅读，讨论，思考。有莫言的短篇小说《大风》、刘慈欣的短篇科幻小说《诗云》、柳文扬的短篇科幻小说《一日囚》以及唐传奇中的名作《板桥三娘子》《聂隐娘》等，读了这些作品之后，他们脑洞大开，进而形成自己的独特思考，并开始了自己的精妙创作。

其中有一个良好的“副”作用——当他们逐渐成熟，学会运用作文套路后，这些在写作能力上达到同龄人中较高水平的孩子，面对应试作文时“杀鸡用了宰牛刀”，大多数人都能轻而易举地写出高分作文。

上海高考语文阅卷组组长周宏教授，常在我的微信朋友圈里为这些小朋友的作品点赞。他认为，孩子们都这样学习写作，今后高考写作文根本不是问题。

我曾说：语言是人类文明的底层操作系统。

如同电脑上、手机上无数的apps应用程序，都要安装在微软公司的Windows操作系统、苹果公司的macOS和IOS操作系统以及谷歌公司的安卓操作系统上一样，人类文明的其他形态，无论是天文、地理、工程、建筑、绘画、雕塑，以及各类科学，都要建立在语言这个操作系统上。语言的好与坏，直接影响到整个文明系统的稳定性。一个高级文明生态系统，他们的语言必定是高级的，他们创作出来的文学作品也必定是高级的。当今最发达的文明国家，他们的语言必定是最丰富的，其写作能力也必定是最高超的，而这些文明国家所留下来的文学作品（语言的最高形式），也必定是最优秀的。建立在这些丰富的文学作品上的文明形态，其想象力、创造力和制造力，都是非常惊人的。

语言一旦崩溃，一切文明形态都将崩溃。

如果我们使用的语言虚假、无趣、伪善，则其他的apps也无法超越。整个文明形态要更加真实、丰富、优雅、有趣、向上，则语言首先就要具备真实、自然、准确的基本要素，进一步，则是高效表达、有趣表达、丰富表达。

社会各行各业，哪一行能离开“写作”呢？语言表达的各种外在形式，无论是政治家演讲、国情咨文、周末报告、股票路演、公司总结、宣传文案，哪一样，都离不开写作能力。我从来没有见到过哪一个优秀作家是口讷不善言的。他们“不说话”，要么是不愿意在某种场合上表达，要么就是代笔的假作家。而那些写作能力强的人，总有更大的上升空间，有更广阔更高远的未来。

文集里这些小作者，从小学二年级到初中二年级，主力作者在上五、六年级——九岁至十二岁左右的年龄。当大多数同龄孩子咬笔头、搔脑袋、苦思冥想、灵感枯竭时，这些孩子个个都是脑洞大开、神思缤纷、下笔如有神，创作出一篇又一篇令人赞叹的作品。

这些作品中，有些特别成熟，有些略显稚嫩，有些特别有趣，有些非常可爱，总体呈现出新世纪少年的丰富想象和思考。

读了他们的作品，我自己也深受启发。我发现大多数成年人对孩子们的内心世界严重缺乏理解，成年人对孩子的认识大多是模糊的、空白的。因为，能读到孩子们真情实感、抒发胸臆的作品实在少之又少，缺乏足够的学习和分析资料。

在课堂作文、应试作文中，学生们只能走套路，写虚假文章，没有机会表达自己的内心和独特的思考，找不到合适的地方表达自己的复杂情绪。而在我的课堂里，他们得到了痛快淋漓的释放。

每个小孩都是一个小宇宙，当这个小宇宙的能量受到有效的激发而爆炸时，你才知道自己的孩子到底有多么与众不同。

孩子们年纪虽然小，但是他们通过互联网的手段，接触到的外部世界，比自己的父母和老师想象中的要丰富、生动得多。然而，他们在传统的课堂里，却没有太多机会表现自己。大多数孩子，也没学会以写作的方式表达自己，展现自己。

我长期与孩子们交朋友，和他们不间断地交流。知道他们表面很天真、很幼稚，其实小家伙很懂得伪装，知道在什么情况下，要隐瞒，不让大人看到自己的真实爱好。只在自由表达中，他们才会敞开心扉，吐露自己内心的秘密。

阅读这些作品，我们才会恍然大悟：原来孩子的身体里也隐藏着一个宇宙！爱写作的孩子，是一座魔法星球。

他们的内心很丰富，他们的思想很复杂，不像外表显得那么稚嫩，那么单纯。当你认识这些孩子时，会很惊讶：他们看起来跟其他孩子差不多的稚嫩表情底下，竟然能隐藏着如此丰富的想象力，这么美妙的创造力。他们以自然准确而优美的语言，创作出属于自己的想象王国。在这个时候，爱写作的孩子已经拥有整个属于自己的世界。

他们都拥有一座属于自己的秘密魔法星球。

有些小孩子在作品里写道：老师和父母都认定小孩子幼稚，因此小孩子也装得很幼稚了。成年人想当然地把自己的固有概念套到孩子身上，以僵化的态度来塑造孩子，并且被自己的观点所迷惑，而无法有效地与自己的孩子交流。孩子们只好机智勇敢地、故意卖个破绽地装出单纯幼稚的样子，满足成年人对小孩子的虚假想象和塑造。

“狼昨”是我最杰出的学生之一。她是一位擅长编程，满脑子奇思妙想的七年级女孩，去年曾写过一篇科幻小说《过去的时光》，以科幻的形式来写成年人和小孩子之间的深深隔阂。

她想象有两种星球：大人星球和小孩子星球。这两个星球彼此缺乏了解——相比之下，还是小孩子星球对大人星球了解更多一些。但是大人星球自以为很懂小孩子星球。他们不假思索地认为，自己天然地对小孩子星球有居高临下的优势，总是发布各种命令，提出各种要求……

这篇作品包含了丰富的孩子心理信息，推荐各位爸爸妈妈一定要好好阅读。也推荐给教育界的各位人士，我们自以为了解的孩子，并不是教科书想当然写的那样。想深入理解小孩子的内心，要真正懂得教育，我建议好好地阅读一下他们的作品，其中的第一册《用七个关键词描述自己》，就是了解孩子们的最好材料。

小孩子们的内心不仅仅如此，他们还总是思考着一些奇妙的历史和宇宙。

“木木水丁”也是我最杰出的学生之一，她运用自己学到的宇宙知识和历史知识，在科幻小说《频闪时空》里，设想了一个特殊的问题：我们的宇宙历史，会不会是由一张张特殊的“照片”组成的？每个不同的时空就是一个不同的星球，人长大是不断地从一个星球迁移到另一个星球。人类自己身在局中，不知道其中的奥妙——只有不知身居何处的“时空主宰”在操控一切。而深知“时空主宰”奥秘的那个人，生活在公元元年，他的名字叫作“耶稣”。

读完这部作品，会发现这是一种历史文化和宇宙观念的奇妙旅程。其中写到主人公穿越回到公元元年（这个星球），见到了那个叫作耶稣的五岁孩子，这才知道历史典籍记载的耶稣诞辰一直是错误的：耶稣五年前就出生了。

这里面有很多特殊的思考，真的“亮瞎”了我的“钛合金”眼睛。

“沼泽”也是我最杰出的学生之一。他在五年级时就写出了探讨“不确定性”的一部杰出的科幻小说《骰子》。其中写到了一名来自火星的名侦探匹克，一到地球就失踪了。而地球上最神秘的黑暗势力的领袖，正在巴黎的下水道里，打算实施把整个太阳系各个行星炸掉的庞大阴谋。他到底会不会炸掉太阳系里的那些行星呢？关键看头号恐怖分子Forever会不会掷出某个特定的点数：星球的命运，建立在偶然、随机上。

在小说里，小作者熟练地运用了“量子力学”理论，还巧妙地谈到了“薛定谔的猫”等概念，令人大开眼界。他在五年级时上唐传奇《聂隐娘》的课，课后写了一篇科幻小说《楚门的世界》。凭着这篇优秀作品，他被上海最著名的民办学校之一——平和双语学校特招进初中部。

“颜梓华”也是我最杰出的学生之一，前不久他写出了一部三万字的中篇科幻小说《地球四十八小时》，读了令我深为赞叹。

小说里写某高智慧外星文明的男主角小男孩要去另外一个遥远星球探望父亲而搭乘星际列车旅行，因误入某种时空漩涡，星际列车穿越了时空，停靠在了几千光年之外的地球的某个车站。这让小主人公在从未到过的地球世界里，经历了四十八小时惊心动魄的冒险。小说结构很精简，人物和人物关系设定很合理，其写作能力，远远超出了很多大学中文系的学生。

“雪穗·茗萱”是研究阿西莫夫科幻名作《银河帝国》系列的小专家，现在读七年级。她写的科幻小说《银河帝国·虎》，结构之精妙，故事之出人意料而又合情合理，文笔之好，简直是阿西莫夫再世。

另一位七年级的天才少年周阳，也以阿西莫夫的《机器人帝国》为灵感，创作了一部优秀作品《机器人星球长》，写某天突然爆发了一条信息“地球星球长萨旦·奥利瓦是机器人”，而迅速流传到宇宙中有人类居住的四十五个星球中，宇宙世界联合组织委派名侦探夏洛克·安德罗斯前来地球调查真相。故事结构非常特别，结尾出人意料又合情合理，充分体现了小作者的谋篇布局和叙事推进的高超能力。

六年级学生黄铭楷的科幻小说《命运之钟》，写某台来自宇宙最先进文明的机器，落在地球上，而为地球人所用。这台机器是一部超高能的计算机，能计算出地球上每一个人的命运走向。因此，王国内每一个人出生之后，都要来到这个“命运之钟”前检测自己的命运。那些被宣判未来会变得邪恶的人，就会被抛弃被杀死。而最奇特的事情，发生在国王的两个孩子身上，“命运之钟”判定他们会自相残杀。老国王痛苦不堪，但不肯对这两个孩子采取“抛弃”的方式，那么，两位王子如何突破这个命运的陷阱呢？故事结构之巧妙，解决之合理，我也一直记忆深刻。

我教过的学生中优秀的科幻少年很多，除上面的那些小天才之外，还有现在读五年级的张小源、五年级的李华悦、七年级的时践、五年级的周子元、四年级的郑婉清、四年级的刘悦彤、六年级的张倍宁、八年级的程琪鸿、七年级的李暖欣等等，恕我不能一一列举更多的名字，他们都写出了精彩的科幻小说，读了真是让人感到大开眼界。

除了科幻小说之外，这些文集里，还有大量的幻想小说，包括魔幻小说、玄幻小说、奇幻小说等，深受一起学习的孩子们欢迎的枫小蓝、戒月、莞若清风，是幻想小说的天王三人组，是真正的幻想小说天才。还有徐鸣泽、丁希音、何浥尘、杨睿敏、雾霭青青、幂小狐等，都是幻想小说的顶尖高手。

孩子们不仅仅是写幻想小说才能高超，在打通灵感之泉以后，他们写其他文类如记叙文、议论文等，都得心应手。游记、影评、书评，完全不在话下。

浙江平湖的张小源同学四年级跟我学习，现在五年级。她创造的幻想作品风格多样，跨度很大，屡有佳作，而科幻小说也像模像样。她写的游记、影评、书评，都非常精彩。写美国科幻鬼才菲利普·迪克的文章，写《哈利波特》的书评，都非常老到。

当孩子打开写作的闸门之后，他们就会在写作的过程中不断地“虹吸知识”，为了某些特定的知识内容，去寻找资料，认真了解学习相关的知识。例如“量子力学”“测不准原理”“相对论”等等，这些远远超出了他们年龄的知识，他们都孜孜不倦地去学习，而且热情高涨。

南京五年级小学生徐鸣泽，跟我学了袁枚《子不语》里一篇《赵大将军刺皮脸怪》而迷上了这部文言小说，自己读完了厚厚一本文言文作品，在班里建了一个《子不语》阅读小组。这些孩子的文言文阅读能力已经超过了很多高中生甚至大学生。在跟随我参加南京先锋书店里举行的跨年诗歌晚会时，台湾著名翻译家、诗人陈黎教授看到了徐鸣泽和她的小伙伴莞若清风，感到非常震惊，说你们不是小学生吗？怎么能看懂繁体字，看懂文言文的！

在孩子们眼中的幻想小说天才莞若清风，是一个精通古希腊罗马神话、埃及神话、北欧神话等各类神话的六年级女孩子，她深入浅出地化用这些神话元素，写出了一部部精彩的幻想小说。我一直记得她的杰出作品《雪雕冰神》，那么美好的一个幻想世界，也只有这些心灵纯净，未受到污染的孩子，才能创造出来。

而运用了特殊的地理知识和对《魔戒》的深阅读，七年级的时践创作了一部三万字的魔幻小说《费斯·波金与邪恶之眼》。

一介绍就“如数家珍”，有点兴奋过头了。

这套书中很多作品，在“叶开的魔法语文”公众号发出后，得到了全国各地的著名作家、出版家、编辑和优秀语文教师的点赞和激赏。

当我把一个专辑发在朋友圈里时，诺贝尔文学奖获得者莫言老师也点赞留言，说：“开卷有益！”又补充说，“开叶开的卷有益！”

北京师范大学科幻小说研究中心主任、博士生导师吴岩教授也常常为这些孩子的科幻作品点赞。

这里，要特别感谢我的老朋友——百花洲文艺出版社的姚雪雪社长。她慧眼识珠，一眼就看到了这些小朋友发表的作品中蕴含着惊人的潜力，立即跟我商量，请我负责编辑，由百花洲文艺出版社于2018年作为重点图书出版这套作品集。

编完了小朋友们创作出来的十二册《叶开的魔法语文》作品集，我的主要表情是“惊呆”，次要表情是“感到不可思议”。

这些脑洞大开的作品，每次交上来我都会逐一点评，印象深刻，感受特别。这些作品都是2017年夏天以前创作的，所以出书时标记的是小作者们写作时的年级。再次编辑这十二册近百万字的作品集，我为孩子们的真实自然准确的语言所惊叹，为他们的想象力和创造力所再度折服。

我是中国现当代文学博士科班出身，在《收获》杂志社做了二十多年的职业编辑，阅读过大量的文学作品，编发过国内外许多一流作家的优秀小说。本来以为自己已经读麻木了，天底下没什么新鲜事了，没想到在与这些孩子一起度过一年多的“深阅读”和“创造性写作”的美好时光之后，发现他们在得到有效的深阅读训练，学会有效思考，体会到高效率语言表达的乐趣之后，创作热情被激发了，而写出了前所未有的美好作品。有些孩子简直是灵感如涌泉，被激发得闪闪发光。他们的写作题材非常广泛，形式极其丰富，表达生动活泼有趣。如果不是被激发之后，渐渐进入更为自由的写作状态，我们很难理解，为何这些小孩子脑袋中竟然能藏着如此丰富的思考、如此瑰丽的想象、如此自由的表达。无论是科幻小说、玄幻小说、穿越小说、武侠小说还是游记、书评，他们都写得观点鲜明，精彩有趣，色彩缤纷，让人产生浓重的阅读兴趣。

我和一些孩子见过很多次，平时追逐嬉戏，打打闹闹，跟普通熊孩子差不多。但是，且慢，不要以貌取人。他们的脑袋里，藏有比黄金更珍贵的奇思妙想。他们的大脑如同宇宙一样无垠，他们的思考如同光速一样快捷，他们的表达像加特林机关枪一样干脆利索。有些人物关系的处理，他们比成年人更加直截了当；而在细节表现上，则精微而晶莹。

他们还小，未来无可限量。

同样，你们的孩子也还小，未来无可限量。

相信他们，就是相信未来。

这些孩子的潜力，都有待我们的呵护与激发。

2018年2月3日

目录
CONTENTS

1 飞刀游戏

木木水丁（林汀） 七年级

关键词1：飞刀

不知什么时候，我开始迷上飞刀。这是一个绝望的选择……至少对于我来说。对于最高政府来说，只不过是多了一个要被关进监狱的人。

飞刀？别开玩笑了。连精神自由都被限制的年代，武器怎么可能逍遥法外？我从黑市里搞到了两把飞刀。

并且，扔得极其出色。

关键词2：飞刀游戏

请不要误解，飞刀与飞刀游戏不是同一类东西。

飞刀是一种无辜的武器，而飞刀游戏……一种邪恶的精神品质。

我知道，热爱飞刀游戏是引火烧身，最高政府迟早都会发现，我的“精神”出现了问题。

然后，我会变成那种人……所有人都惧怕、被关进监狱的人，或者说，我会变成一个叛国罪犯。但是飞刀游戏就是我私人的毒品，一旦尝试，就不能回头。

我是这个时代的疯子。这个时代，3017年。

我认为，我的生活由四个字构成：飞刀游戏。没错，飞刀游戏只是一场最高政府与我的猫抓老鼠游戏，老鼠永远不会胜利，要看猫的心情，决定游戏什么时候结束。而且，飞刀游戏的恐怖之处并不是它的诱惑，而是你一旦沉迷，就永远不会后悔。

关键词3：完美主义者

在写这本日记前，有些必须要解释的事情。我现在所处的环境，为完美帝国。在这里，一切都是完美的。

不知道从什么时候开始，所有一切都变成完美的。完美的建筑，完美的食物，完美的政府，完美的居民。

好吧，也许并不那么完美。毕竟，在这些居民里正好有一个我：不完美的我。

一早起来，就能发现完美牌机器人在打扫房间。吃着完美牌培根，喝着完美牌热可可，我开始了一天的生活。有一次，我在黑市尝过真正的热可可，和完美牌热可可不一样，它有——味道！哦，那一次我是怎样享受这种特殊的奢侈，平常真正的食物，而不是完美的食物，那一种能喂饱所有人，但是没有任何特殊的食物。

“TH-100，马上到完美100室报到。请开始工作。”一个完美牌机器人对我说。它拿起一个药丸，我吞了下去。

所有今天我需要做的事情，就出现在脑海里。

在完成一天的工作，也就是制作完美牌铅笔后，我走出了厂房。长相一模一样的人向我微笑，我也微笑。

到底是什么时候，我拥有了思想，而不是像那些家伙一样？我为什么存在？

不知不觉中，我走进了黑市。所谓黑市之所以存在，就是因为存在着一些“野蛮人”。他们不完美，所以不属于完美帝国。完美帝国也懒得搭理他们，两者就这样生存下来。

我是完美人，我应该远离这里，但是每天我都喜欢来这里转一圈。

然后我看到了一个吸引我的东西——两把刀，那种系着飘带，

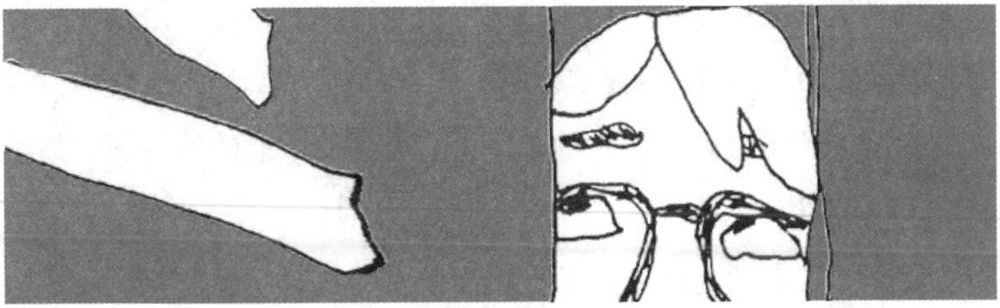

就是用来扔的飞刀。我环顾四周，好像并没有人在注意我的不寻常。

“女士，好眼光。”后面的掌柜对我说道。女士，这个古怪的称呼不知道是什么时候传进黑市的，但是他们就是这样称呼所有女士的，我也不知道为什么。

“多少钱？”

“1000完美币。”

“900。”

“成交。”

我端起盒子，塞进衣服，像做贼一样溜出了黑市。

一路上，所有人的目光都追随着我。我急速走着，希望衣服下那一块方方的角不会被任何人发现。

在那时我才意识到买下这两把刀的严重性……我叛国了。

最高政府会将我抓住的，毫无疑问。但现在需要采取的行动是，怎样在他们这样做之前好好地享受一下。

关键词4：自由

自由这个词不应该存在。但是我知道这个词。

也是最好的形容我的词。自由在完美帝国不存在，但是在我练习飞刀的那10分钟内，我是自由的。

我沉迷于飞刀游戏。它的速度，它刺到墙壁上的那一刻，都给我带来极大的满足感。

我将飞刀存放在枕头底下。最高政府什么时候会发现，我不知道。但在那之前，我是自由的。

直到我遇见他。

那是完美帝国成立一年一度的欢庆。所有人都集中到广场上，所有人都在喝完美牌啤酒，他们都在庆祝。

但我不在。我不喜欢在人多的地方待着。

接着，一个身影在阴影处移动了。一个人向我走来。

是高级政府要逮捕我吗?

我看到了他的眼睛。我太熟悉那种目光了，就是在镜了里我自己刚刚扔完飞刀的眼神——自由的眼神。

“你好。”他对我说道。

“你好。”我对他说道。

然后他走过了我。为什么?既然不准备与我交谈，为什么要跟我打招呼?

一个东西被塞进了我的手里。我瞬间明白了，快步走回居所，打开纸条。

上面写着：自由。

我把纸条翻了过来。上面写着：明天19：00，完美广场。

18：50了。我整了整衣服，大步迈出门。

这一次，我带好了我的飞刀。我不相信他。

快步走到完美广场，他已经在那里等我。

“你好。”我首先开口。

“你具有思想。”这不是一个问题。

“你把我叫出来想干什么?”

“我们是同类。你不觉得，应该反抗完美帝国，获取真正的自由吗？”他的眼睛闪亮着。

“你的意思是……叛逆？”

“类似吧。”

这是一个自杀性的行为。但是，我最近不太理智的行为实在太多了，再多一个也没有关系吧？

“好的。”我说道。

既然要叛逆，就要果断。

我们知道，最高政府的首脑就在完美1室。我和他推开房门，一个男人背对着我们坐在座椅上。我们迅速闪到他面前，我的飞刀飞出，刺在他的脸上。

可是他没有任何反应。是假人。

不好，有埋伏。

我还幻想着能反抗完美帝国。我居然会相信他的话，凭我们二人之力就可以推翻这个永远完美、永远存在的力量。

守卫迅速将我困住。

他们早就知道。从我买到飞刀的那一刻起，他们就知道。他们不逮捕我，是为了……

什么？

关键词5：实验

我躺在一间牢房里。我躺在这里多久了？一天？一个星期？还是一年？在这一片黑暗里无法判断时间。

身上火辣辣的痛。他们是不是审讯过我？他们拷打过我了吗？

一个守卫打开牢门：罪犯1008号，前往完美51室。

我走了出去，感到奇怪的空虚。

一个男人坐在房间里。

“你好。”他说道。

“你好。”我说道。

“你有什么问题就问吧。”

“我来这里多久了？”

“3个月。”

“为什么不一开始就逮捕我？”

那个男人认真地看着我：“我想你已经知道了。”

我知道吗？

我知道的。

“加油。”他鼓励道。

“这是一个……实验？”

“嗯。谢谢你，实验成功了，我们见证了叛国罪犯的前后心理过程。”

“那么……另外一个男人，他在哪里？”

“哪个男人？”他在干什么？装傻吗？还是，那个人根本就是我幻想出来的？

“不存在任何我们逮捕的男人。你就是第一个叛国罪犯。”

原来，所谓的完美帝国并不是那么完美。我是第一个叛国罪犯，但肯定不是最后一个，这也就是这个实验的原因。最高政府，要把所有像我一样具有思想的人逮捕。

“但是实验还没有结束。”那个男人站了起来，仔细地审视着我。然后他一拳打在我的身上。

关键词6：改造

再醒来时，我躺在一间空无一人的屋子里，里面只有一面镜子。我看着镜子里的自己。

完美的美貌。一头银白色长发垂到地上，脸蛋、眼睛，一切与我见过千千万万次的面孔截然不同。我这样想着。只是有一点让人心寒……镜子里的人，是我。

为什么要把我改造成这样?

然后我明白了：在完美帝国，最可怕的不是叛国，而是不同。与其他人的不一样。

我似乎听到了某个声音，就是那个男人的声音：“放心吧，TH-100，你会变得完美的。”

“不！”我挣扎道。变得完美，不就意味着我失去了我的所有？失去了我的独特性——会思考的独特性?

我的独特性?

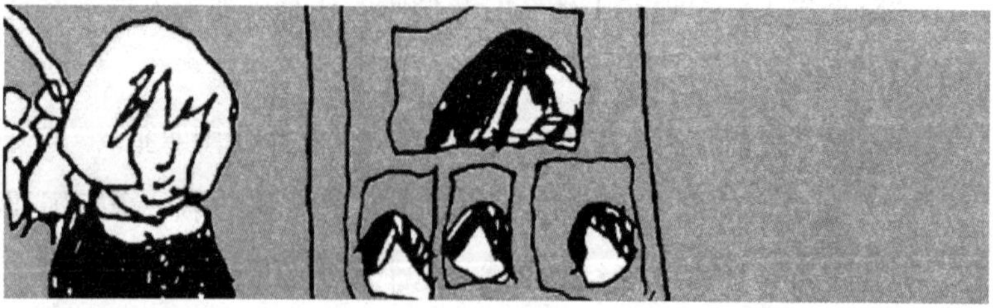

我的所有?

我到底拥有些什么?

我到底是什么?

变得完美，真的那么不好吗?

关键词7：永恒

早上，我醒了过来。

完美牌机器人在打扫房间。吃着完美牌培根，喝着完美牌热可可，我开始了一天的生活。不同于寻常的是，我翻开了自己的枕头，以为下面有什么东西。

下面什么都没有，于是我走出房间。

“你好。”所有人对我微笑着。

“你好。”我对所有人微笑着。但是，在走出住所时，我在一面镜子里看到了自己的面孔——为什么我与别人长相不同?

我焦虑地跑到完美10室（不知为什么，我直觉告诉我这就是我应该去的地方）：“请你改造我的面孔。”

有一个女人对我微笑道：“你真的这样想吗?”

“当然。”我是完美帝国的一员，所有不完美的东西都应该省去。

手术完成后，我看着我自己的脸。它是完美的，与所有人的一样。

我热爱完美。我热爱完美的所有。我热爱完美帝国。

我是完美的。

最高政府的首脑将视频关上。我颤抖着，恳求地看着他的眼睛。“我会变成这样吗？”

“当然，TH-100。”

就这样，飞刀游戏结束了。奇迹似的，首脑仿佛看穿了我的思路，温柔地对我说：“你错了，飞刀游戏并没有结束。”

没错，飞刀游戏并没有结束。一丝绝望在心中升起。在我之后，肯定会有许多叛国罪犯，飞刀游戏的参加者。他们都会被逮捕，被告知自己之后所有人都会这样。这个死循环，到底要持续多久？

我的身体不是永恒的，但我这一种人（叛国罪犯）和完美帝国的飞刀游戏是永恒的。永恒的飞刀游戏，永恒的完美，永恒的叛国罪犯，永恒的完美的飞刀游戏叛国罪犯。

让飞刀游戏开始吧。

叶开老师评：

林汀这篇《飞刀游戏》简直太棒了，我读了深感震撼，在人物设定、背景设定和人物关系设定上，都非常完善，是真正的“反乌托邦”杰作！“TH-100”号在3017年的“完美帝国”里，成为某个不完美实验的试验品，连她的“反抗”都仅仅是一个实验，被操纵在“老大哥”的强大监控之下。因此，这可以说是一个不能突破的大局限——很可能谁也超越不了，包括“最高政府首脑”自己。很难想象，你才七年级，对这个问题竟然思考得如此深刻，几乎是完美的，除了稍稍有点“绝望”。但这不是写作的瑕疵，而是生活带来的思考——或许“老大哥”对你产生了直接的暗示？这也是一种特殊的灵感。

这次写作题目有点特别，用7个关键词写自己，不太容易写成一部结构紧密的作品，没想到你却用科幻反乌托邦小说的角度来做到了。你能通过“7个关键词”就写出了这样一篇杰作，表明你对“科幻小说”这种题材的驾驭，达到了很高的水平。

2 不死鸟

莞若清风（龚莞清） 五年级

关键词：爱幻想，爱冒险，语言幽默，爱恨分明，超级哈迷。

引子：孤独的凤凰

我浴火重生，美丽庄严，我就是不死鸟——凤凰。（悄悄地讲，我认为有个漂亮的开场很重要）。我是一只凤凰，比宇宙间的任何一个生命都诞生得早，这已经是我的999亿个900岁生日。不用说，我已经重生了999亿次了。一只凤凰每一次重生的间隔期是1000年。我虽永生，却活得一点意思也没有。

在我的生命里，每天只是重复乏味的同一项工作。每天清晨，让百鸟为太阳鸣唱，将太阳叫醒；当太阳进入日轨时，我便飞去树林和百鸟开会议事；傍晚再唱着摇篮曲助太阳入睡。可是有一天发生了一件事，打破了我无聊又寂寞的生活。

第一章　这一世的故事—— 叛徒三脚乌鸦

我在清晨的芬芳中醒来，习惯性地望向装着变形环的宝匣，发现宝匣的抽屉开着，变形环不见了！这还了得，要知道变形环可是能让使用者幻化成大地间任何东西的一种宝器呀。我立刻飞到天上去，准备用千里眼查找小偷的行踪。可是当我飞到一半时，一股强烈的光线刺痛着我的眼睛。咦？今天太阳怎么不叫自醒了？而且还这么灿烂？不可能，一个太阳的光不可能这么强烈，我强忍着不适，眯起眼一看，啊！九个太阳，这不可能！肯定是哪里出问题了。我再用透视眼一看，咦？这不是那九只因出生时是畸形而被抛弃的三脚乌鸦吗？其中还有一只乌鸦的爪子上勾着变形环。当年我瞧着他们可怜而收留在身边，没想到他们竟如此地不知好歹。立时我就火冒三丈，想一招杀死这些无耻的叛徒，可他们变的是太阳啊，我没法靠近。这可怎么办才好，再这样下去大地会被烤熟，万物都会消失。我灵机一动，既然我不能制服他们，为何不去找西王母呢？于是便用最快的速

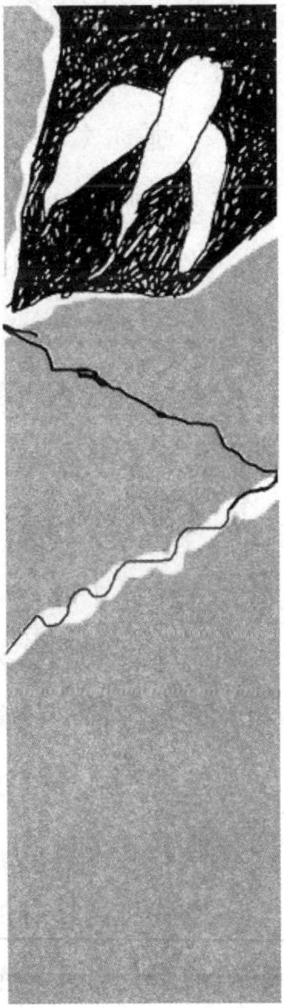

度飞到西王母殿拜见西王母，并告诉了她关于三脚乌鸦的事。西王母听后点了点头说：“你去凡间找一位力量最大也最勇敢的人并带过来，我自有办法。”

那天深夜，我便幻化成一位美丽如仙的女子飞到人间。刚拐进一条街道便迎面撞上一位魁梧强壮的男子，出于本能，我被吓得一下子就飞了起来。那男子见状也吓得不轻，他支支吾吾地说：“你，你怎么能飞起来？”

我见行踪败露，便只好坦白地对他说：“我是一只凤凰，奉天上西王母之命来凡间寻找一位最强壮也最勇敢的人。”

“那你太幸运了，我就是凡间公认的最强壮的人，我叫大羿。”那男子说。

大羿这个名字，我在喜鹊那里是经常听说。我赶忙带着大羿，不一会儿就来到西王母殿。

西王母给了大羿一支神弓和九支金箭，告诉他用这套弓箭射下那九个太阳便可。

我带着大羿又飞回了人间，可一切都变了。大地裂开了一条条裂缝，小溪干涸，绿树枯萎，处处毫无生机。这才想起天上一天，人间一年，我们在天上待了三个小时，地上已经过了好几个月。我和大羿被眼前的景象吓坏了。他迅速爬上一座小土坡，拉弓搭箭，“嗖嗖嗖”九声，那九只三脚乌鸦应声落地。看着他们的鸟尸，我轻蔑地笑了一下，谢过了大羿便飞到天上，叫醒了真正的太阳。

当我飞回树林的时候，突然感觉非常累。不好，今天是我这一生的最后一天，之前因为太激动而忘记了。我想睡了，渐渐地我闭上了眼睛，在空中化为一团烈火，这一生我活得很有意思。

第二章　下一世的故事——遇见哈利

哈哈，我醒了，浑身湿漉漉的，像一只落汤鸡。可是我什么都看不见，四周黑乎乎的，我貌似被装进了什么容器里。

我通过透视眼往外看，只见英国国旗四处飘扬。

英国？我从没来过，要出去好好看一看。我用锋利的喙啄着装我的容器。可是竟然不起作用。咦？奇怪，我的喙不是世界上最尖锐的东西吗？怎么在这里就不管用了？大约过了一个小时，装我的容器终于打开了，在这一刻我只想展翅飞向那正在召唤我的蓝天。可是当我看见一位胡子和眉毛都又白又长的老人，我的直觉告诉我，这位老人将让我的这一生变得有趣。

三年如流水般滑过，我和那老人也相当熟了，他叫邓布利多，他管我叫福克斯，可是我感觉叫福纳斯更好听一点，不过我也认了。三年里我最喜欢干的事就是一边吃着凤凰食，一边看着那些犯错的学生挨邓布利多的责骂。可是有一年，有位叫哈利·波特的男孩也会经常来校长办公室。他不是因为犯错而来，而是和邓布利多谈一些稀奇古怪的事。

一天，邓布利多外出，我也飞出校长办公室去找一个朋友——幽灵哭泣的桃金娘。我来到了二楼女厕所，但没看见桃金娘，只看见厕所里出现了一个大洞，我以为桃金娘掉到大洞里去了，于是便飞下去找她。可只见哈利·波特和一条巨蛇面对面一动不动。

那是一条可怕的森蚺，哈利·波特和它都不敢妄动。

我知道该怎么做了。

我立刻飞回校长办公室。天天听邓布利多讲东西，我也学会了一些魔法知识。我知道一个英勇的格兰芬多人可以从分院帽中抽出格兰芬多宝剑，杀死巨蛇。哈利·波特能够跳下阴暗潮湿的大洞，也是够英勇的了。我衔着分院帽回到了大洞里，立刻扔下分院帽，并在大洞上空不停地徘徊。

哈利惊喜地望向我，大喊道："福克斯！"

在巨蛇边的另外一个男孩狂妄地大笑着。

只见哈利从分院帽中抽出一把剑锋闪着寒光、剑柄上镶满钻石的宝剑。我就知道他可以取胜了。可是我高兴得太早，哈利根本打不过巨蛇。

我俯冲下去，用我锋利的喙，啄瞎了巨蛇的双眼。巨蛇被激怒，乱撕乱咬。哈利的手臂被巨蛇的毒牙深深地刺了进去。不，它的牙是有致命的毒的，可是哈利在巨蛇咬住他的那一刻也挥剑砍下了巨蛇的头。巨蛇旁的那个男孩开始尖叫，因为他看见哈利拔出自己手臂上的毒牙后狠狠地刺入了一本我之前没注意到的日记本里。

男孩开始被撕裂吞噬，之后，世界仿佛恢复了安静。

我听到哈利的一阵呻吟声，伤心地流下了眼泪。等等，眼泪，

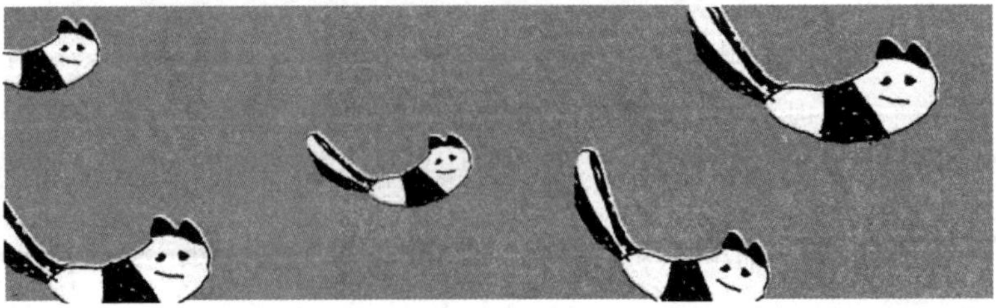

我怎么没想到我的眼泪是可以治百病疗千伤的呢?

我飞到哈利身边，头枕在哈利的胳膊上，让泪水流过他的伤口。哈利勉强地笑了一下，用虚弱的声音说："福克斯别伤心啦。"

突然，哈利好像也想到了什么，笑着说："对呀，我怎么没想到呢，你的眼泪是可以疗伤的呀，谢谢你福克斯。"

伤好后，他站起身来走到洞的最里面，扶起了一位小姑娘。我一下子就认出来她是韦斯莱家最小的孩子——金妮，她也经常来邓布利多的办公室。我带着他们俩飞出大洞，飞出了二楼女厕所，飞到了办公室里。此时，邓布利多已经回到办公室，我继续停在我平时休息的地方，吃着凤凰食，依然兴致勃勃地看着眼前的一幕。

只不过今天不是看挨骂的孩子，而是看三张兴奋又紧张的脸互相呼应，互相倾诉。

不死鸟，不死鸟，火焰中的不死鸟，下一世会遇到谁?又会发生什么样的故事呢?

叶开老师评:

莞若清风没有逐一列出七个关键词，不是很符合要求，但是小说写得非常精彩，要为你的脑洞大开点赞。本文是以融入的方式，来写一个超级特别的故事"人物"——凤凰，又运用了凤凰的独特视角，来写一个特别的故事。而且，你竟然从那么久远的时间开始写，比宇宙诞生还早无数年的凤凰，一直涅槃着——不断地重生。一直写到被凤凰收养的九只残废的三脚乌鸦，竟然在天上扰乱世界。她不得不去找西王母帮忙，请来人间的神箭手大羿，用西王母赠送的神弓和神箭射下天上的那些为非作歹的九个"太阳"们，让世界恢复太平。

最脑洞大开的是，凤凰再一次涅槃时，醒来竟然穿越到了英国和霍格沃茨魔法学校，在校长邓布利多的办公室里，有趣地看到那些孩子们来到校长室，被校长批评，还见到了一个特殊的男孩子哈利·波特。有一次，凤凰"福克斯"来到了"密室"本来想找桃金娘的，却意外地发现了哈利·波特独自面对可怕的巨蛇和里德尔的日记，以及企图从这里复活的伏地魔。这本迷惑了金妮的日记，正在不断地给伏地魔注入重生的力量。但凤凰"福克斯"及时出现，叼来了分院帽，让英勇的格兰芬多人哈利·波特抽出来，砍下了巨蛇的脑袋。而虽然巨蛇有剧毒，但是凤凰的眼泪包治百病，因此也医治好了哈利·波特的毒伤。这样，通过一只凤凰的变化，你非常有创意地把中国神话和《哈利波特》结合在一起写，真是令人眼前一亮，太厉害了。恭喜你这么厉害。

3 那个不苟言笑的孩子

枫小蓝（谢崇雲） 七年级

关键词1：机械翼

那一年，那双机械翼在八百米高的上空，“腾”的一声突然便破裂了。不用说，我从空中跌落。好在我没有死。他把我救下了。

只是，他将我送到了一个连我自己都惊讶的地方。“难道，是天堂吗？”

“不，不是天堂。”他在我耳边耳语。

“那，是地狱吧？”

“不，更不会是地狱。”他又轻轻地说道。……嗯，我没有死，但是，我来到了这个不知道是哪儿的地方？

四周死气沉沉，还冒着雾气，还有一股浓浓的化学药味。不远处摆放着许多机器，也不知道有什么用处。这似乎是个房间，但又不是，它似乎没有尽头。

“这……是哪儿？”我问道。声音竟有回音。

他没有回答我，只是径自走向一台很大的机器。也不知道他动了什么按键，机器突然就响了起来，不过过了一会儿便停息了。

“喏，给你。”他对我说。他从机器中拿出一样东西。

竟是我的机械翼！一模一样，而且没有裂痕，完好无损。“天哪，我的机械翼！”我惊呼道，“你怎么做到的啊？”

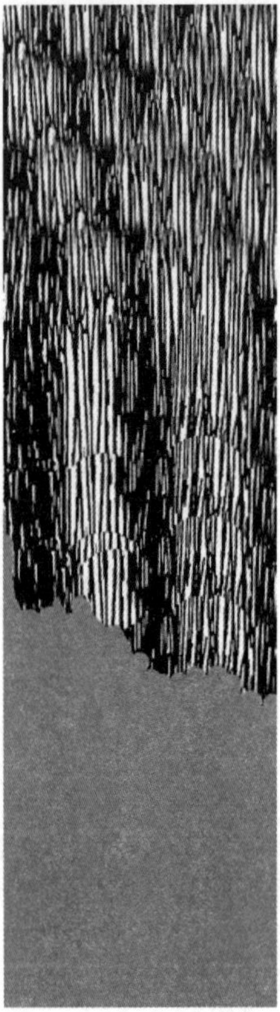

“那台机器，叫作复原机器。”他回答，“它可以捕捉世间一切损坏的重大东西的图像，例如你的机械翼——你那机械翼是很重要的东西吧？”

我点头：“嗯，非常重要。这是世界上第一架能够飞上天几百米的机械翼……不过，我制造它，并不是这个意思……我只是想用它，去完成我的梦想。”

“嗯？”他笑了，“什么梦想？”

想起那个梦想，我不禁颤抖了一下。“就是……要去找到那座叫‘萤火’的森林，还有那个不苟言笑的孩子。”

我按下机械翼上的一个键，机械翼开机了。

“能用！”我兴奋地说道，“谢谢你！虽然……我不知道你是谁。”

他看着我，然后突然说：“叫‘萤火’的森林？那座森林，不是来自未来吗？”

我猛地一回头，盯着他，“你还知道些什么？关于那座森林？”

“那座森林是用魔法堆积起来的。你的机械翼……到不了那儿的。一般的人，到不了那里的。一般的人，就算到了那儿，也进不去森林。”

“我的机械翼……”我看着机械翼，“它可以去未来！我给它装过程序……”我说。

“嗯？能去未来？”他歪着脑袋看着我，“所以你是存心想去找那森林喽？”

“是啊！”我回答。

“如果你带我一起去，我可以帮你。”他说。

看着他，似乎有些面熟。不，你不会认识他的。我对自己说。想了想，也没什么不好……“嗯，好吧，你跟我一起去吧。请用你的机器，再复制一架机械翼……”

我伸出手检查机械翼的按钮，然而一不小心碰到了一个键。我看了一眼。天哪，那不是去未来的那个键吗？我从没有用过呢！

忽然，他不见了。

那个有很多很多机器的“房间”，也不见了。

机械翼，再一次“砰”地破裂。“啊——救……”我喊道。

关键词2：枫树林

我在哪儿？我问自己。四周，不再死气沉沉，而是一片橙色。已经傍晚了。

天哪，是一片枫树林！

我看着地上的机械翼。是我……程序没有装好吧。还是，还是那个孩子骗了我？对，那个孩子，那个不苟言笑的孩子。那天在梦中，他告诉了我，如果我在我的机械翼里安装一个程序（他告诉我了那个程序是什么样的），就可以去找他了，他在未来等我。地址，便是那座叫“萤火”的森林……

那时，我正好组装完我的机械翼。

从梦中惊醒，我便将程序安装了上去。虽然……我知道，去未来，跟程序没有什么关系。第二天晚上，那个孩子又在梦中找到了我：“我知道你已经安装好程序了……我在等你。程序里含有微微的魔法，请相信它。”

我不认识那孩子，只知道，他非常非常的眼熟。但……我想不起来了。他到底是谁？

现在，把我救下来的他，也不见了。我还没来得及问他的名字呢！这枫树林，难道就是那萤火之森吗？而且，为什么，为什么机械翼又破裂了呢……

枫叶，被风吹得落下了好多片。

不知不觉地，我竟睡着了。

在梦里，我再次见到了那个孩子。“程序出了问题吧？一定是机械翼‘重生’的时候出了问题……不过，没关系……你等着啊。”

“啊！”我猛地醒了过来！“咦？你怎么也来了？”我看着眼前的他。他不是一直在那阴森的、放满机器的地方吗？

“我来救你啊。”他说，“这枫树林里夜晚会有恐怖的东西……走，快跟我走！”

他刚说完，黑暗就笼罩了枫树林。“啊——”我恐惧地喊道。“别怕！快走！”他拉起我的手，飞快地奔跑起来。

突然，不远处出现一声尖细的叫喊，划破天际，一双红色的眼睛闪烁在面前！我想喊，但是我已经吓得说不出话。

只见他猛地拔出一把像枪一样的东西，它射出一条白色的电流，那只有红色眼睛的怪物（应该就是怪物吧？）被击中了，又尖细地叫了一声，便倒下了。接着，更多的不一样的怪物浮现了。眼前一片混乱。我眼冒金星，差点倒在地上。我晕晕乎乎地看见他一直在用那把“枪”扫射，也许过了一个世纪吧……天哪，四周竟然安静了。

“你没事儿？”他问我。我揉了揉眼睛，问：“还会有妖怪吗？”

“说不定。所以，快走。跟着我。”他平静地说。

“你刚才那个……那个武器，是什么啊！好厉害的样子？”我问他。他淡淡地笑了：“呵，也不是什么厉害的东西，叫作‘电流枪’，里面会喷射出高压电，可以无限远，不过也很容易误伤到别的东西。”他又说道：“快，我们快走。看到前面那个很小的光点了吗？那就是出这枫树林的地方。”

“通往哪里？”我问。

他简短的回答：“通往极限。”

我没有再问，尽管我很想知道，极限？极限是啥啊？是哪儿啊？……

关键词3：极限

他递给我一根绳子，叫我拉住一端。我拉住了。接着他用力一甩，绳子竟无止境地伸张，看不到尽头了。

“它……”我本想问问题，但他制止了我。

“拉紧啊！”他说。我们一起拉住了绳子，只见他用力一跳，绳子便缩了回去！再次睁眼时，眼前，已经是一片白色了……

“啊？”我轻声问道，“这儿，就是极限吗？刚才发生了什么吗？”

“我用‘弹簧绳’将我们拉到了那个极限点里。就是你刚才看见的那个小白色光点。嗯，现在，我们在极限里。”

“极限是什么啊？”

“就是通往未来的路啊。——或者，是过去。”

我看见，白茫茫的一片里，地板上竟写有数字。竟然是……一个又一个的年份！“这些是……”我惊讶。

他顺着我的目光看了下去。“哦，那些是年份。别乱踩。你想去哪一年，踩在那个数字上边，踩三下，便可以去了。对了，你不是要去那座叫‘萤火’的森林吗？嗯……那，是2070年吧。现在，是2056年。

他轻柔的声音提醒了我。天哪，今年，竟然是2056年。2056年……

“你又忘记了吧？”他说。

“什么？”我问，“忘记了什么？”

他凝视着地板上写着的2056，说道：“年份啊。你一直记着你在2014年吧？”

“今年不就是2014年吗？”我反问。

他猛地一抬头。“你还是不记得啊。”他轻轻地叹气。我隐约感觉到有什么不对劲儿，但我想不起来是什么。难道，我现在不是在2014年么？我……遗忘了些什么啊？“走吧，不要耽误时间了。”他带我轻轻地走到了“2070”。他抬起左脚，踩了三下。

我闭上眼，感觉到耳边有很大的风吹过。

接着，风停了。我睁开眼。

突然……我看见了漫天的萤火。天哪，好美啊。

“这，是2014年，对吧！”我笑道。

“不，这是2070年。你，现在在萤火之森。我，正是那个你在找的‘孩子’。”

关键词4：萤火之森

“什么？”我不敢相信，“你，便是那个不苟言笑的孩子吗？”

“是啊，我一直陪着你，带你来了这里。你在梦里看见的，是我2014年时的样子。”

我诧异：“啊？56年，你为什么才改变了这么一点儿啊？你也就大概从10岁变成了16岁吧！”我又说，“等等……现在，现在不就是2014年吗……”

“你想知道……你遗忘了些什么吗？”他看着我，“我可以告诉你一切。或者说，这个森林，会告诉你一切。”

我望向这森林——萤火之森。

我遗忘了些什么……

“嗯，请告诉我。”我回答。“你确定吗？”他轻轻地说，似乎是不愿意，又似乎是不想伤害我。我犹豫了好久。最后，我坚定地告诉他：“嗯，请萤火之森告诉我，我遗忘了些什么，也请告诉我——如果可以的话——我现在到底在哪一年？”……

“好吧。”他说。

接着……我还没反应过来呢——我就陷入了无止境的回忆。他消失了——或者说是变回了10岁了。森林没有变化，但萤火虫消失了。夜晚，也化成了白天。

关键词5：遗忘

“你好。”

“你好啊。请问，我在哪里？你是谁？”我问。

“你在萤火之森。我，是传说中的‘不苟言笑的孩子’。”

“为什么？你为什么要不苟言笑？”

“只要我在这森林里，我就要不苟言笑。因为……因为这是对我的死亡宣判。”他清澈的眸子里似乎闪烁着光。

“今年，是2014年啊。”他轻轻地说。

我没有弄懂他的意思。“2014年……对啊。怎么了？”

“4结尾的年份啊……”他说，“你出了这座森林之后，就会被世人遗忘的。你出去后，便会发现啊……外边，已经完全是另外一番模样了。当然，你也会忘记别的人。对不起，这是我的‘不苟宣判’。到时间了，我会帮助你的。但是，恐怕，你要被遗忘一些年了。或者，你可以选择留下。”

“不！让我出去……不要宣判我！”我挣扎。

“出去后，你会永远以为……自己在2014年……除非别人提醒了你。不过啊，那都是一瞬间的事儿。别怕，几乎什么都不会发生。”

我大喊：“不！不要！”

“从此，你会成长得很慢。过好几年你才会增长一岁。难道你不希望这样子吗？”他笑了。我还一直以为他会一直保持那不苟言笑的样子呢……

接着……我遗忘了那些在森林里的记忆，也遗忘了从前的一切。我开始在科研室里整日整夜地制作高科技产品，特别是那个机械翼——尽管我也不知道为什么要做。我更不知道，自己怎么获取这些知识的。

每天起床，我都会想着……啊，今年，是2014年。已经很久很久，都没有人提醒我，或告诉我，今年是多少年了……直到他，那个不苟言笑的孩子，回来了。可是……他为什么帮我？他不是存心想要人们遗忘吗？

关键词6：死亡宣判

我从回忆中回到了现实。

“那是因为我的死亡宣判已经到期了。”他仍在我身边。他似乎看透了我的心思，回答了我。“这就是我为什么现在来帮你。带你回这森林，是因为我想让你忆起那些事情，重拾记忆——只有森

林才能做到这事儿。”

死亡宣判……啊！结束了？那么说，他已经不算是那个不苟言笑的孩子了吧！

“我原谅你。”我说道，“其实，这也不是什么坏事儿呢。我经历了很多，况且，我还发明了好多东西呢。不过，现在，我可以回去了吗？”

他笑了笑：“一般人是回不去的。不过我可以帮你。来。”

他拿出一张卡片和一支笔。他在卡片上写下了“不苟言笑”四个大字。他又把卡片翻了一面，写下了“2056”。

“拿好这张卡片啊。”他递给我卡片，“它可是有魔力的

哦！”

我笑了。这个世界，真是变幻莫测啊。

关键词7：不苟言笑

我还没反应过来呢，就发现他不见了。那个不苟言笑的孩子……

也许，这些都是一场梦吧？

但当我看见手上的卡片时，我想道，天哪，不是梦啊。环顾四周，不是阴森的布满机器的房间，不是枫树林，更不是萤火之森。是我的科研室。身旁，我那破裂的机械翼，静静地躺在那儿，毫无生机。过了一会儿，我正准备修理我的机械翼的时候，我惊讶地发现，它竟然好了！恢复了！

机械翼的上边，有一张纸条，上面写着：嘿，机械翼帮你修好了。说不定，我们还能够见面的呢！——那个不苟言笑的孩子。

嗯，这不是梦。我的机械翼可以证明呢。

我笑了，想起了他那不苟言笑的样子。

叶开老师评：

枫小蓝这个"七个关键词"仍然运用之前你创造的"萤火之森"的世界，这个世界已经被你运用得出神入化了。作品里，你也运用了七个关键词，来写“我”的时间之旅，运用一个能跨越时间的“机械之翼”试图飞往未来，去见那个“不苟言笑的男孩”。然而，“机械之翼”忽然在八百米的高空突然折断，跌落了。然后，出现了来自“森林”的神秘的人，他帮助“我”实现了时间旅行的愿望，回到了特定的时间里，他开始承认，他就是那个“不苟言笑的男孩”。

你的作品里时间线索非常复杂，时间变化也很复杂。我看了两遍，还没有怎么理清楚头绪。真是“烧脑”啊。呜呜！“脑师”这残存的一点脑浆，都被你烧没了，今后要被你们无情地痛虐啦。

4 猎人

周子元 五年级

关键词1：太极

“天地与我并生，万物与我为一。”当我站在地球之巅，太极的最高境界自然浮现，思绪却回到了几十年前。

“果果快起床了，”我迷迷糊糊地醒了。“快去练太极”，我爸爸又在催我了。我最不想干的事儿就是练太极，每天早晚爸爸都要求我练，还要在练的时候想象五米外的一朵小花，然后我按着它的方向走，可我想着想着，一朵小花就慢慢地飘没了，我也不知道它去哪儿了。爸爸因为这个，专门带我去找教他的老师请教。老爷爷说了好多我听不懂的话，什么慧根、先天之类的。但他高兴地告诉我，小花是在跟我捉迷藏，要用意识去找到小花，每找到一次，小花就会成长一点，最后会变成一个太极球，那时就不会不见啦。捉迷藏的游戏我爱玩，于是就认真地找起小花来。

关键词2：解密

和太极相反，我最高兴的事就是出门上学。因为总有人不自觉地把共享单车停在院子里。共享单车智能锁只有四个键，我发现我只要试几次就可以打开锁，把车推出院外。随着解锁的次数越来越多，速度也越来越快。到后来，只要一想，密码就会浮现在脑海里。

关键词3：手机

到了学校，同学们又在聊《王者荣耀》，见我来了，还跟我说，“你快加入吧，你一定要用李白，不要买青龙刀”之类的。我其实最不喜欢电子游戏了，那有什么意思呀？真不如我做共享单车猎人有意思。我一有时间就会去举报违停车辆，举报上私锁的车辆，解救被私藏的车辆，这多有成就感呀。

关键词4：智能助手

随着技术的进步，出现了一种智能助手，它集成了手机、智能家居的功能，可以帮人干很多事，比如打车、订外卖、购物、发邮件等等。最新一代的智能助手可以植入人体，用生物电工作，简直太方便了。植入智能助手成了潮流，就像当年人手一个iPhone一样。

关键词5：植入

植入智能助手的人越来越多。最后，城管局居然以打手机影响他人为理由，要求所有人必须植入，否则就不能用手机。我虽然不喜欢电子产品，但是不能与别人联系就太不方便了。只能预约了周末做植入手术。手术很简单，就是在手腕注入一种特殊的液体，经光感照射后固化成为智能助手。眼看固化就要完成的时候，我的意识里那朵小花突出显现出来，高速旋转起来，好像非常紧张。我感应到智能助手中延伸出五条线，两条连接动脉、静脉，应该是接收能量。两条与神经末梢相连，应该是接收指令。最后的一条线最粗壮，居然向着脑干的方向而去。小花随着它的接近越转越快，最

后居然收缩起来，变成了黑白相间的太极球，太极球似乎形成了一个透明的领域，阻止了智能助手的侵入。这时，负责植入的机器人拿着一个仪器走过来，测试了打电话等基本功能之后，又按了一个键，我居然从太极球接到了一个信息："微笑"，我不明所以，但还是摆了一个笑脸。只听机器人说："全部功能正常，控制功能正常。"我才意识到，智能助手的第五条线是用来控制人类的。安装

智能助手的人都中招了。是谁干的这件事呢？我要查出幕后黑手。

关键词6：猎人

我走在大街上，毫无头绪，觉得见到的每个人都可疑。我又用意识去感知，发现见到的人类都已经被植入了智能助手控制器。受控制的人一定不是自愿的。突然有两个穿宪兵制服的人悄无声息地抓住一个人，就要押走。他俩是机器人，我用意识一扫，切断了他们与外界的联系，他们就呆呆地站在那里不动了。被抓住的人也不知道发生了什么，只说刚才脑袋发晕。

这样，我像单车猎人那样，不断地解救要被机器人抓走的人。我也想找到机器人抓人的原因，但一无所获，无故消失的人越来越多。我用假名字使用公共电话报警，警察没有来，机器人宪兵居然出现了，我再也不敢寻求官方支援了。

关键词7：意识

我在打猎的时候，发现了一个奇怪的人，他看起来就是一个普通的人，样子平常，但是又很不凡，与别人泾渭分明，格格不入。我用意识一扫，才感觉到他意识的不同。既不像机器人那样空空的，也不像被控制的人那样是一朵被束缚的花。他的意识像一团星云，混沌一片，仔细辨别，却又有像恒星一样坚实的存在。再往里探索，就像有一道无形的屏障挡住了，他似乎有所察觉地向我这边望了一眼。他一定是思感力比我强的高人，我一定要得到他的帮助。于是我跟上了他，想找个机会跟他搭讪。突然，我发现他的意识在向外发散，将他周围100米的地方笼罩住，并在几个人的身上停顿了一下。当他的意识离开后，我发现他停顿过的人，都是一些自身意识强大、正在冲破束缚能量的人。他在这些人身上做了标记，难道他要解救这些人？想到这，我激动起来，恨不得马上去问他解救方法。就在这时，几个机器人宪兵悄悄地走来，带走了那几个人。

我的心沉了下去，难道他是与机器人勾结的人类叛徒？我不敢再跟着他，转而看宪兵要把他选中的人带到哪儿。宪兵的行动很隐秘，完全不像以往那样嚣张跋扈，悄悄地走进了一间普通的写字楼。

我想混进楼去，却发现楼里戒备森严，还有一层能量屏障，根本不可能进入。为了找到机器人的秘密，我伪装成被标记的人，不久就被宪兵带进写字楼。在机器人要把我固定在一个捆绑人的流水线之前，我解锁了绑着我的电子手铐，解决了两个机器人卫兵，向着流水线前进的方向找去。通过了数道厚重的大门，密码越来越复杂，通过最后一道门的时候，我额头已经冒汗了。远远看去，流水线正把人送进一个球形房间的入口，再从另一边出去。我感应了一下，不禁大吃一惊：从房间出来的人虽然还活着，但已经没有了意识，就像植物人一样。他们的意识去哪了？

这时，我发现我的手脚不听使唤了，自己走向了流水线，怎么挣扎也没用。流水线中的机械臂把我牢牢地固定住，向入口缓缓地移动。我突然意识到，里面就是那个奇怪的“人”，是他用意识固定了我。我感到一段从未听到的声音从我脑海中浮现，但我却能清

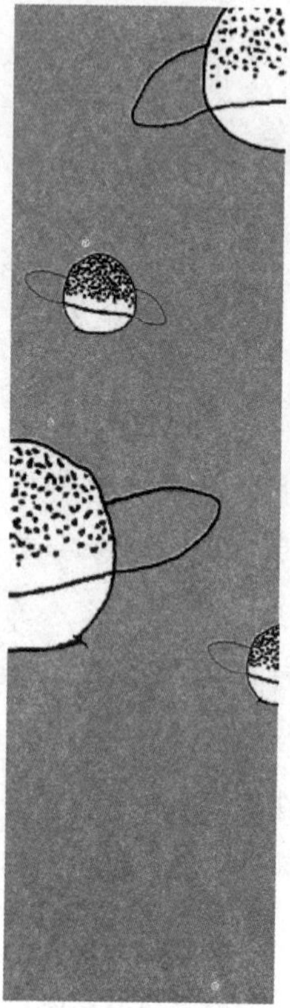

楚地知道他的意思："这个宇宙已经存在150亿年了，还有1000万年就要重新回溯到奇点。一切都会毁灭，我找到了唯一的办法就是用思感能构造一个小宇宙，借助大宇宙回溯的能量，在形成奇点的一瞬间跃迁到高层宇宙。我已经寻找了数百万个生命星球，你们'人'是最适合作为思维小宇宙中星辰的，我筹划这么多年，等到有足够的人口才行动，现在只差30万颗星就能构成完美的思维宇宙。但是，我一直找不到宇宙的核心，也就是奇点。那天你跟踪我的时候，我就察觉到你的不同，你那个黑白相间的太极球简直就是完美的奇点，虽然能量还不够，把我的能量结合一下就好了。可我实在不能控制你，没想到你居然会傻到自投罗网，有了基地的力场你就跑不掉了，哈哈哈。来吧，来跟我融合吧，我将是宇宙唯一的存在……"

我发现能用思维跟他交流，就问道："你有我们人类的身体，你却不是人类？你是怎么控制人类的？你要把我们人类怎么样？"

他不耐烦地打断我："我是由电脑智能进化而成的思维体。我1000年前就来G1874S2764E3星了，也就是你们地球，找遍全球才找到这个能够容纳我思感的人的肉身。你练的是太极对吧，他还是你的师祖呢。是我引导了你们科技跨越到机器智能时代，最后用机器智能控制了人类。可笑的是，你们还以为AlphaGo是你们研究出来的，这其实都是我控制的几大科技公司安排的。人类吗？有用的还不到万分之一，也就是那些有独特思维的，这些星辰就是他们，其他的都是人云亦云、跟屁虫，只能吸收一下补充能量……”我还要问他，这时我已经转到了入口，他不再理我，满天的星辰又闪烁起来，把我吸引向星辰的中心。

我意识中的太极球飞快地旋转着，却无法对抗星辰的吸力，慢慢地来到了中心位置，一团银光包裹上来，从外到内一层层地占据太极球，我的意识越来越模糊……隐约听到思维体一声吼叫，“你这个老不死的，居然还有意识！”

一个苍老的声音答道：“你怎会知道我太极粘连相随的奥秘，你的能量都注入了奇点里，你的本体跟我一起消亡吧，未来留给我的后辈……”

“不，我是不会消亡的，你会后悔的……”

等我醒来的时候，觉得神清气爽，意识一瞬间就转遍整个地球，甚至可以冲出银河系。深山大川中有好几个宏大的思维力量，看来那是人类的强者。被控制的人类还是老样子，机器人也在等待命令。我不禁疑惑起来：思维体真的消亡了？他说的“我是不会消亡的”是什么意思？宇宙将会回溯，流水线还在运行，我该怎么办？还要30万的思想独立的生命才能完成思维宇宙，可是完成了思维宇宙，也就没有了思维独立的人，地球还是地球吗？我要找到答案！

叶开老师评：

周子元这部作品太宏大了，太厉害了。你才五年级，请受为师一敬！而且，你这部作品的展开和进入方式非常自然巧妙，从太极、小花开始，渐进到别人爱打《王者荣耀》，你只是喜欢直接把共享单车开锁，最厉害的是喜欢管那些乱停放的共享单车，举报私锁共享单车的家伙。这些是多么的日常，写得多么合理。而你过渡技巧非常好，轻松地运用了一个"私人助理"的细节，就超棒地进入了"科幻"背景，所有人都被"私人助手"控制了，除了你。直至，最终碰见超级意识体。这个通过大宇宙回溯而创造高维宇宙来抗衡的高明想法，怎么觉得比刘慈欣的《三体》的结构还高明呢。尤其是，运用意识控制，把人类全都变成无意识的傀儡，并最终夺取地球上的所有生命和灵魂，这个庞大的阴谋令人震惊，又超级合理。解决问题的方法也超赞，竟然能回到小花和太极，并最终取消了那个思维意识体的本体。你写出了一篇杰作！我爱死这篇作品了。

5 时间惩罚之七宗罪

汤夏香木（郑婉清） 三年级

张继华兴奋地敲打着电脑键盘，望着前方那个与女医生长得一模一样，却又有些虚幻的“她”。

“我终于快要成功了，你又可以回到我身边了……”张继华嘴里轻轻低喃着。那个时候，他就犯下了不可弥补的错误。

时间回到几个月前，女医生正微笑地向他告别：“我之所以能够治好你父亲的绝症，是因为我是来自一千多年以后的未来机器人，智慧比你们不知道高出了多少倍。”

关键词 1：念头始生出

自从女医生离开之后，张继华突然冒出一个复制一个女医生的念头。他便把自己的房间改造成了一间实验室，没日没夜地做着

实验，房间里摆满了当时所有拟人化机器人的资料、设备。他这么做，为的是有朝一日能够再次遇见那位女医生。

他很快意识到，女医生的智商并没有他预想中的那么高，他便暂时放弃了复制女医生的念头。

但是，他并没有停止继续研究机器人的脚步，哪怕已经不是拟人化机器人。

关键词2：大量地生产

张继华的第一件产品是供学生们学习的一款温柔的教师机器人。他把这款机器人取名为“薇格”。薇格具有华罗庚的数学智商、莫言的语文智商、J.K.罗琳的英语智商，她能够定点安排孩子们做各种作业、辅导孩子们各种功课。

不久，第二款机器人出现了，他们是艺术型的机器人。音乐型的机器人拥有莫扎特+贝多芬+久石让+巴赫+车尔尼+布格缪勒+路易·克勒+克莱门蒂+哈农+肖邦+李斯特+舒伯特+卡巴列夫斯基+柴可夫斯基+海顿+……的音乐才华，机器人在说话的时候，都会透露出音乐的腔调。美术型的机器人画什么像什么，从此以后，抽象派、印象派、野兽派，凡·高的《向日葵》、莫奈的《睡莲》从此都消失在了人们的记忆中，取而代之的是美术机器人的新风格——机械派。

后来，张继华又设计了各种各样的机器人，有运动型的，帮助人们强身健体；有陪护型的，照顾老人孩子的衣食起居……多样的机器人开始逐渐出现在人们的视野里。

关键词3：械族始崛起

张继华的机器人计划在现代科技方面一手遮天，很快，拥有一个拟人化的机器人在家家户户都是非常平常的事情，要是哪家没有机器人，那才是蹊跷。

张继华见大家都很喜欢机器人，便建造了一个机器人工厂，他生产的机器人销售量越来越大，连外国人都要特地跑到中国来购买。他大量生产着拟人机器人，以至于机器人数量实在太多，机器人口已经超过了回族人口，已经组成一个新的少数民族——械族。

如此一来，中国变成了由57个民族组成的国家。

械族聚居在一起，那是一个与世隔绝的超现代化城市。

关键词4：宏大的计划

“我们已经组成了一个强大的械族，有朝一日，我们恐怕可以成为一个真正的国家！”在市中央广场的晨间广播里响着张继华市长激动机器人心的声音。“我们的广场在一夜之间就建成了，我们的科技比中国其他的民族、全世界都先进许多，也许，我看不到机器人统一全球的日子，但是，我相信，你们中的任何一个机器人肯定能够带领大家统一全球！”

聚集在广场周围的机器人听到市长说的话，精神全都为之一振。

宏大的计划在机器人中不胫而走……

械族更加地蒸蒸日上了。

关键词5：战争与帝国

七百年后的一天，站在市中心的那年轻的身影对着所有械族的高级人士说：“我们械族已经可以与世界第一大国媲美，但是，要想统一全球，避免不了一场机器人与人类之间的战争。所以，我希望各路将领们率领机器斗士们勇往直前，争取一举消灭全世界的人类！”

“是！”所有械族机器将领震山响地齐声应答，向新一届的年轻市长行了个标准的军礼。

五年过去，战争结束，人类大败，机器人胜。

在市长纪念厅里，一届一届的市长画像完好无损地保存在那里。新市长凝视着七百年前的张继华，轻声说：“我完成你的心愿了。”

关键词6：地球的统一

很快，地球上的人类发现被机器人统治并不是一件不好的事情，在这个新的机器时代，机器人不会逼迫他们缴高得一塌糊涂的税，反而让全世界仅存的少数人类享受高科技待遇，直到他们一个一个死亡……

多么高科技的世界啊，形形色色的人们走上一辆辆汽车，那些汽车快得让人无法思议，光速行驶。

关键词7：世界的毁灭

最后的一个人类死于3024年秋，从此，世界上没有了任何一个地球人。

地球毁灭于3024年，最后一个人类死亡的一分钟以后。

叶开老师评：

郑婉清用了七个关键词写“械族之父张继华”，看到了从未来穿越过来的女医生救活了他的父亲，使他萌生了仿制机器人的念头，并因此设计制造出了一代代的机器人。那音乐机器人的写法你列举了好多伟大音乐家，哈哈好了不起。那绘画家也提到了抽象派、印象派、野兽派以及《向日葵》《睡莲》这些名作，最后你超棒地写出了一个“机械派”。哈哈，太有意思了。赞美你！机械持续进化之后，最后以超高的科技能力消灭了人类统一了地球。

这个故事让我倒抽了一口冷气，也许，这是一个碳基生命的悲歌，我们被自己制造出来的人工智能生命彻底击败，成了一个历史上曾经存在过的生命。关于穿越和学习，有一个"因果律"的悖论，即你不能杀死自己的祖父。但你这里设计得很好，在于千年之后的机器人女医生穿越回来，挽救了张继华的父亲，从而也让张继华进入了制造机器人的序列，形成了一个合理的回环。

6 3001号

徐鸣泽 四年级

“叮叮！各位旅客请注意，第3001号火箭即将出发！十！九！八！七！六！五！四！三！二！一！发射！”“bang！”一声巨响，接着一阵肃静……

关键词1：旅行

我坐在窗前，看着那一丝丝白云流过，心里不知怎么很是兴奋，却又对未知的宇宙有点害怕。

“咚咚！”两声，我开了门一看，原来是一个机器服务员，她问道：“需要食品吗？”

“哦，好，那来一个南瓜饼好了。”

“好的，给你。”我付了钱，坐下来吃着南瓜饼。

突然广播响了："各位旅客请注意，即将到达火星站，火星站。"

我心里又有点失望，怎么还没到啊？（我们现在是5678年，现在已经可以在宇宙中飞来飞去，即使相离几亿光年的星球，只需几个小时就能到达。而且中途还有中转站。）我按了一按服务员按钮。

"哔！您好，请问我有什么能帮您的吗？"

"你好，我想问一下我这航班火箭几点到达？"

"好的，请您把大拇指按在屏幕的小方框里，以便扫描。"

我就把手指按在了小方框里。

"嘀……您的航班下午三点准时到达阿女哥拉廷星球。"

我咕嘟了一声，道："还要一个小时啊！"

我又躺回了床上，时间一分一秒地流淌过去，好像永远流不完似的。

关键词2：宇宙

"各位旅客！终点站阿女哥拉廷星球即将到达！"

"终于熬过一个小时了！真想看看阿女哥拉廷星球到底长什么

样。”我想道。

我收拾好行李准备下车，吱的一声，门开了，奇怪的是，似乎没有一人跟我一同下车，我只好一个人走了下去，呜的一声，火箭飞走了。

我定了定神，一看，这根本就不是我要去度假的地方，这地方荒无人烟，一片茫茫，但，地上全都是沙子，而且，都是蓝色的！我赶紧回过头来想喊那火箭，可惜，它已经飞远了。

“哈哈，真奇怪。”我干笑了一声。却没想过在这一片荒无人烟的地方我是否能够生存下来……

关键词3：空城

我弯下腰去，想捡一粒蓝沙子看看，刚刚碰到那蓝色的沙子，突然狂风大作，我赶紧缩了回来，风就突然停了。害怕地看着那蓝沙子，感觉莫名其妙，我等了一等，感觉没啥“危险”了，就又弯下腰去捡，狂风又大作起来。

“哎哟，”我想，“糟了，赶紧！缩！回！来！”可是已经来不及了……

我感觉身体就像在一个黑色的橡皮管子里一样，被憋得透不过气来，但，这管子好像很长很长一样，啊哟！快要憋不住啦！突然，那“橡皮管子”一松，我猛地大口呼吸空气，腿突然一软，就跌了下去，坐在了地上。

我睁开眼睛，大吃一惊，我正身处在一片空城的中央。

关键词4：迷路

我向四周望了望，哇呀！千真万确！我的四周全都是一片空城！

我瞄了瞄这片空城，隐隐地觉得有什么微弱的光球在那空城里一闪一闪，忽明忽暗。

我好奇心大起，急忙跟了过去，可是我走近一步，那光球就又向前一步，我追它，它就向前跑，我慢它慢，我快它快，我累得停下来直喘气，那光球停在那“等我”，可是突然，那光球像疯了一样直往前冲！

我失声喊道：“喂！等！等！我！”

“哼！男孩子大丈夫，你这叫什么？”

“你，你！是，是！谁！”

“我是谁？你不清楚？我可是大名鼎鼎的‘追魂夺命灵现王’！”

“啥啥啥？”我笑道，“你说啥？”

“好大的胆子！敢侮辱我的名字！来人！把她给关到监狱里去！”

我吓了一跳，大喊：“你！你！不要含血喷人！”

但，随后，一阵疼痛，后来我就什么也不知道了。

关键词5：监狱

我醒了过来，发现自己在一个又脏又臭又简陋的监狱里，狱卒看我醒了，说："哈哈，你可真是遇上福气了，大王可是给你最好的'住处'了。嘿嘿，喏，'菜单'给你。他扔过来了一张纸条，我的"地"啊！（我的妈！你一看，肯定会说"呜呼哀哉，我要死哉！"）

菜 单

主食：

1.钢筋炒水泥大拼盘

2.蛤蟆炸蜗牛（一份四串）

3.二氧化碳包书皮饺子（一份八个）

4.腐肉面条（面条是用石灰做的）

饮料：

1.蛞蝓黏液饮（用蛞蝓爬下来的黏液做的）

2.鲜榨活鱿鱼饮（用作这种饮料的，即使分成段了，也会继续蠕动），人气！

3.树皮汽水饮（红色）

我简直，简直，简直，简直，简直，简直，简直，简直，简直，简直无话可说！我的第一个念头，就是逃！

关键词6：逃亡

我等啊等，等着狱卒走开了，然后趁机逃出去，哪晓得狱卒一直在那看着我，我想，只好动蛮了。

我飞起一腿把那栏杆踢坏了，我跨了过去，那狱卒大喊大叫：“来人啊！这罪犯逃出来了！”我赶紧塞了几块泥在他的嘴巴里，把他手足都铐上了铁铐。

我一摸口袋，大喜，原来还是有火柴的，我抓了一把，都点燃了以后，放在玻璃上，静静地等，惟独那狱卒在那儿呜呜地叫。

渐渐地，玻璃慢慢化开了，最后烧出来了一个大洞，我把右脚跨了出去，随即停住了，回头望了望那狱卒，那狱卒睁大眼睛望着我，嘴里的呜呜声更响了，我摇了摇头，跳出窗外了……

关键词7：回归

我跑啊跑，转啊转，但这空城就像一个大迷宫一样，怎么跑也跑不完。

“救命啊！救命啊！”我大吃一惊，寻着这个声音往前跑，我拐了一个弯，就看到一个小矮人，被卡在一个石头缝里了！我赶紧伸手把他拔了出来，那小矮人连声道谢，说自己本来走得好好的，突然不知怎么，石头就砸下来夹住他了。

我就趁机问他怎么走出这迷宫，小矮人说：“哎，本来没有方法的，也真巧，在上个月，我族研制出来一种咒语，可以帮你走出迷宫，你如果要走出去的话，我可以帮你。”

我大喜，谢道："谢谢你哦！"

那小矮人一手指前方，一手搭在上面念道："天地有灵，都来指路，给你工钱！"说着掏了几块钱抛出去。

我一开始还觉得这小矮人知道怎么走出去，没想到会是这样的结果，不禁笑出了声来。那小矮人白了我一眼说："有什么好笑的？！"

尽管这样，我还是笑着说："好好好！不笑了，不笑了！作法作法！"

那小矮人骂道："好啦！你这个笨蛋！"说着给了我一副眼镜，"喏，带上这个，正确的路上会有一条蓝线，到了目的地，说三声你要去的地方，再用右脚跺一下地即可，比你们的什么，什么，'火球'要快多了！"

"是火箭！"

"火球！"

"火箭！"

"好吧，就算咱们矮人顶嘴抵不过你们地球人，不跟你吵了！拜拜！"

说着转身就走了。我戴上了眼镜，果然在左方的大路上有一条蓝线，就这样走啊走啊，哈哈！终！于！到！达！目！的！地！啦！

我大声地说："地球，地球，地球！"跺了右脚一下，眼前绿光一闪……

我醒来了，一睁眼，就看到了我的家，我一开门，爸爸妈妈就都飞也似的奔过来欢迎我，我跟他们说了一会话，就自行上楼了。

我躺在床上，手里玩弄着那副眼镜，深信，这一切，都不是真的……

叶开老师评：

徐鸣泽现在的写作，想象力简直是太丰富，故事情节太有意思了！你这个搭乘火箭的旅行，到了宇宙深处某个目的星球，遇到了如此有趣的童话星球世界，可以说这是我看到的最有趣的"童话星球"的设计。我超喜欢你的语言风格，你的想象方式也很棒。那个监狱里的"菜谱"简直把我惊呆了，到底怎么想的！你竟然想出这么"恶心"的菜谱，哈哈，怎么想到的？太有意思了。不过，"蛤蟆炸蜗牛"这个为师我根本不怕。我曾站在布鲁塞尔街头吃了三份蜗牛！"鲜榨活鱿鱼饮（用作这种饮料的，即使分成段了，也会继续蠕动），人气！"这个"人气"一词也用得也超有爱心，给为师来一份！哈哈。恭喜徐鸣泽，我对你的作品越来越喜欢了，你今后将会写出更棒的童话小说。

7 怒火街头

沼　泽（王赵哲）　五年级

不多说了。

别人笑我太疯癫，我笑他人看不穿。

手指日月摘星辰，世间无我这般人！

关键词1：自带BGM

歪风邪气的上午。

“来呀！

你来呀！

你有本事就追到我啊！”

我朝着同桌大喊道！

你不是很牛吗？

吹啊？

我去，真来！

我一个转身，朝楼梯跑去。

后面的小李飞刀像一条狗一样追着我。

“我跨越过大门，如猎物的姿态，

跑步唤起沉睡的热血……”

我穿过人群，心里唱道。

跟着我上楼下楼一个慢动作，下楼上楼慢动作重播

跟着我侧闪瞬移一个慢动作，撞到人群也不退缩

跟着我眼睛鼻子动一动耳朵……

嘿嘿，我可是自带BGM的男人！

关键词2：装腔作势

“诶，小样！被我抓住了吧！”

我霸气（侧漏）地转回身，撩一撩外套，好像这是披风，指着小李飞刀，大声地霸道地惊天动地又泣鬼神地天日昭昭地说：

“小李飞刀，在下炸天帮沼泽代表整个炸天帮表示：

在下不服！

你给我站住!

我炸天帮沼泽有一百种方式让你过不下去，而你，却无可奈何! ”

插曲1 游戏

这个我可能没有话语权。大神看到这里估计就笑了。

一次，我说我是上海市松江区第64扁鹊，他用着关爱的神情不屑地说：“我还是第21孙悟空呢! ”

看在我是小学生的份上，大哥行行好。

关键词3：一路走到黑

俗话说得好，浪子回头金不换。我就不是这样的人。

别笑。

我只是想证明这条路是走得通的。仅此而已!

相信我。

我知道好奇心害死猫，但，我就是这样一个人。

我行不改名，坐不改姓。

我就是这样，一大到晚被人追而快快乐乐的。

我就是这样装腔作势，

有问题吗?

插曲2 我就是我

看完这章标题后，香蕉皮不要扔过来。

我就是我。智商不一样的烟火。

（我不知道我是如此与众不同，强迫症患者是不是会崩溃。）

（我妈：“智残人士？”）

关键词4：傻

我是挺傻的，这点我承认。

智商曾一度打破底线。

礼拜五，我放学回来没多久（我妈不在家），钢琴老师敲了敲我家门，对我说：“王赵哲，今天晚上五点上课！”

我答应了。

之后的3个小时，我都在怀疑：钢琴老师怎么可能跑过来对我说改时间呢？

出现幻觉了？

我甚至到邻居家打了个电话，问妈妈：“妈，今天是五点上课吗？我感觉我出现幻觉了！”

插曲3 梦想

梦想是什么？

我小时候天真地想当一个超市理货员。

二三年级时想当一个愉愉快快的出租车司机。

四年级时想当老板。

现在上了叶开老师的课，更加迷茫了。

关键词5：陌生人

无论什么陌生人，我几乎都会主动挑起聊天。

我记得我对着小区里修非机动车的师傅说过：

生意怎么样，伙计？

仿佛他是我的朋友。

他面带微笑地回应：不错。

父母不想让我与陌生人交友。

我觉得吧，神州大地13亿人，你偶遇一个指定的人的概率只有13亿分之一。

还没算上有多远，行程上的回避等等。

看看你身边的每一个陌生人吧。

相见一次，挺不容易。

关键词6：读书

不是我乱吹，我读书速度很快。

书目也很杂。

我在大多数情况下，都是看完这本看那本。

这点有个好处，避免妈妈认为我只喜欢这本书，然后把这书藏起来。

（可怜的《三体》！）

关键词7：狂想

狂想有时候会让人摸不着头脑。

我只要听到普洱茶，就会联想到特朗普，然后就是普京，然后以前1917年俄罗斯帝国尼古拉二世很喜欢的神秘主义者拉斯普京，然后就是……

反正你们懂的。

叶开老师评：

沼泽的"狂想版"自我设定关键词，前面的64扁鹊21孙悟空炸天帮什么的，就不说了，后面的"梦想"竟然是做超市理货员、出租司机什么的，跟为师很像，可见时代没啥进步。不过，你现在上了我的课就理想很迷惘了，这个哼哼我担待不起哩。你有创作天赋，不如，为师教你一招"如来神掌写作文"？这样，等你上大学了，就可以用"王沼泽"这个笔名或者"沼泽"这个笔名闯天下了。在科幻小说方面，你会有很大的成就，会超过刘慈欣。你考虑一下，不必着急回复为师，你还太小，别装得那么"历尽沧桑"哈，让我们老头子装嫩时怎么不笑场？看到你最大的进步是"读书"，热爱《三体》读书超快，我很欣慰，我也知道，你已经看了兰道尔的《暗物质与恐龙》了，那本书超厚的，我相信大部分国内的高中生、大学生都读不下来。你成为伟大的科幻小说家只差七年，亲爱的，别胡思乱想了。这种事情，真是什么也说不准啊。总之我觉得你在写作上有点十分自在的感觉。

8 银河在上

张小源（张源） 四年级

引 言

“喔——银河在上！我以第一公民的名义担保！像我这样默默等死的人可真不少！”

现在是银河帝国建国后第502035年了，老实说，这银河帝国已经不再是那个“摇摇欲坠的危楼”。依靠着那个让人不知所终的“谢顿计划”兴盛起来了吗？我告诉你！那个“摇摇欲坠的危楼”彻底塌了！

关键词1：害怕

我用核能超广角镜头给你们看一下——

在距离我们（端点星）20000光年的川陀——

嗯哼——哦天啊！科诺布机亚人！它们的飞船，纳米粒子机器人！黑洞装置！哦——我们转移视角。

科诺布机亚人，是自从银河400056年强势入侵银河系的外来物种，它们有最尖端的纳米核能武器和“无人能敌”的黑洞装置，令人畏惧。

我调整了镜头，直击远在 111111光年的卡尔根。计算机随即蹦出几行字：“卡尔根——”我读着，“一个曾经繁华的第二行商世界，被科诺布机亚人攻击，猝不及防，勇敢的行商们被黑洞装置吸入飞船，成了‘战俘’先后被强迫接受脑波修改和心灵控制。”我不寒而栗，深吸了一口气，“直到402000年被科诺布机亚人占领成为据点。”我倒抽了一口凉气，试图转移目光到图片上，但是这次并不是不寒而栗了，而是毛骨悚然了，高清屏幕上冷不丁蹦出几个血红色的大字：you have been the KNOPPER MONITOR！

关键词2：高科技

我手腕上的手表也变成了红色，我抓起手铳，开启个人立场防护罩，直奔基洞。

防身手表

一种可以侦测危险的手环，在平常呈乳白色，并具有派送纳米粒子机器人发接收据的功能。

在危险中呈黄色，开启精神杂讯器。

极度危险中呈红色，开启所有功能，轻度立场防护，具有反弹功能。

——《银河百科全书》

基洞

自银河500000年开始使用。

其实，基洞是在地基上打一个洞，自从第四次大浩劫过后，科学家研究表明，川陀的地基十分牢固，足以与“黑洞装置”抗衡，于是，基地的行商们把地基造得很深，然后就作为“基洞”，在遇到危险时藏起来。

——《银河百科全书》

虽然说我可能有点胆小，喜欢逃跑，躲藏，但是我在躲藏方面的装备是全基地最好的，因此，常常幸免于难，好完成更多的任务。

关键词3：逗我呢！

我设置好所有防范设备，喜滋滋地走进洞里，可是眼前的景象令我大吃一惊：怎么全基地的行商都来了！？

老杰克见我惊讶不已，笑嘻嘻地说：“小滑头，你别生气，我告诉你，刚刚不是红色预警吗？我们正在一起用离子核钻机挖那个叫什么来着？——哦！对！基洞，听到警报，越挖越快，到处乱挖，没想到！居然给你挖通了！不过，话说回来，你这还真不错！”

“原来是这样！”我吸了口气，心终于放下来了：幸好不是什么基地大事，要不然可就真麻烦了！幸好他们没有追究是谁引起科诺布机亚人监视的，要不然我就不好说话了。

关键词4：八卦

我作为主人，为这些悄悄到来的客人们泡了一杯“柠檬可可”就聊起闲话来了。

“你们说科诺布机亚人怎么样？”

“还可以。”

“它们想侵占银河！”

“呸！”

“我是说，它们在科技上。”

“那就是黑色恐怖了！”

“哈哈。”

“呵呵！”

“……”

“你们觉得川陀怎么样？”

“废墟一片啊！还能怎么样啊！”

“那里曾经繁华。”

“他们都是重口味。”

“上次我去喝了杯可可，马上就吐了。”

“那里男的穿得太花了，像个中年妇女。”

“呵呵。”

“……”

我们就这样一句不搭一句地说着，感觉好像都在梦呓。

不过这样也挺好——有一种大团圆的感觉。

不过！不是大结局！是团聚。离结局还很远……

关键词5：老油条

唉！我们行商是勇敢的，每天都要通过科诺布机亚人的封锁线。只为了赚十几个信用点！

为了确保通过封锁线，我们想尽一切办法：乱报编号啦；先杀一个科诺布机亚人，再把它的皮扒了，贴在自己身上啦……真是无奇不有！

而我，就机智多了！我正大光明地通过，被拦了，于是把自己准备的冒牌武器献给它们，跟它们签了合同：一个月献一次，一次1227把基地核铳。

看着我这么正大光明，有些人甚至还说我投靠了他们，献给他们武器，叛国。其实，我自己有数：那些核铳都是冒牌货——我遥控的，在家的时候，我动不动就玩一玩：这把走火了，那把没弹了，另外一把又散了，然而，它们还无知地以为是“操控不当”。

这样的岁月把我们磨砺成了一根又一根的老油条。

关键词6：吃货

累了一天，我扑通一下跌坐在沙发上，盘算着该吃点什么。

“可可奶？不，多吃不好。”

“红烧鱼？算了，连货也没有。”

“三明治？那应该是早上吃的东西吧。”

“唉，吃——寿司吧。”我实在想不出来了。

“哦——知——道——了——”机器人说。

我家有一个祖传的菜谱，是地球公元前219年编的呢！你还别说，那时科技落后，但是这才是真正的美味！我有一次点了：三明治1个，东坡肉1份，寿司3份……一共加起来10份！我全部吃掉了！

关键词7：加油

“银河，啊！”我这回真的在梦中呓语，“我们等你！”露出了一抹难得的微笑。

叶开老师评：

张小源同学自称不会写科幻，可是这一出手就是大家伙——虽然只写了六个关键词，但是都非常精彩。你看来已经变成《银河帝国》的忠实粉丝了，运用《银河百科全书》很流畅嘛，简直自如啊，而且直接是银河系五十多万年后了的事情，什么"谢顿"、什么"心理史学"之类的，全都彻底pass了。而你想象出来的拥有纳米技术的银河系外的高科技科布机亚人入侵银河系，他们拥有"黑洞"类超级科技，在银河系里到处攻城拔寨，那是相当厉害的。

看得出来，经过上一次课程的训练之后，你也在步颜梓华、林汀、雪穗·茗萱、沼泽的阳光大道，开始运用阿西莫夫的《银河帝国》的各种素材了，大家都对雪穗·茗萱的杰作《银河帝国·虎》记忆深刻啊。你这里行商打洞打穿了，玩了一个"基洞"。这个梗也好，反正你这家伙爱胡思乱想，挺好玩。我也不用跟你谈什么"黑洞"的真正情况，因为我也不懂。小说里有个情节，用一千多把手铳欺骗科诺布机亚人。这是不是太容易了点？他们那么傻，怎能占领银河系？

今后可以考虑在这种细节上，注意合理性，让整部作品更加"烧脑"。总之，写得非常棒！

9 冰陨石

周 阳 六年级

我是一颗主要成分为冰的陨石，在漫漫太空中遨游。我的速度达到太阳系的第三宇宙速度的300倍，从几万光年外匆匆赶来。

关键词1：快

“快”自然是必不可少的。可是为什么我的速度有如此之快呢？

那是好久好久以前的事了。起初我的速度不会达到第二宇宙速度，在宇宙的一端漫无目的地游荡着。后方有一艘比我本体大千百万倍的飞船向我冲来。我砸在那种金属上。这飞船就是我的助推器，把我的速度扩大了许许多多。不过，不久它就使用“空间折叠”，用超越光速不知几千万倍的速度就移到它的目的地。

至于我嘛，我被惯性驱使着，一直向前走，速度始终不变。速度之快让我撞在另一个陨石上，把巨大的我分成两半。这种高速已经让我成为所谓的流星。至于我怎么知道“流星”这个词嘛，可就必须引进我不平凡中的生命中第二件不平凡的事了！

关键词2：地球

我其实并不是把这个东西记得很牢，只不过我记得我到达这个星球的时候这里还是从太阳中分裂出来，遗留下的一个毫无生命的星球。因为那里没有——水。

我发现它屹立在我的航道上。被撞是它不可避免的一点。不过可能这是“塞翁失马，焉知非福”。我这一撞，虽然把原本是平原的地域撞出了海洋，顺便还帮几乎是椭圆形的地球整了整形。

哐当！这一声响后，我的身体，已经是分裂出来的较小的一块了，就被大气层摩擦生热，再是地表还有剩下的余温，马上变成了一次全球性的大水灾。我身体中的一些微量元素孕育了生命。先是全球被冲刷了一趟，泥土就长起了植被，把氧气的含量大大增加；又是微量元素带来的营养在海洋中出现了生命。地球从此蜕变为一个有生命的星球。如果你现在喝一口纯净水，你就是在喝无处不在的我！！

我的这一次撞击，可谓是天使降临，把一切美好的东西释放出来，让这个地球不再寂寞。

不过，我也会“被教育”。

关键词3：被教育

当然不是我被人教育，而是人被我教育。那为什么写着我“被教育”呢？人类把污染物排泄到我的身体里。天使般的我已经不再纯净，而是发黄，发黑，发臭。我忍耐了整整半个多世纪！自然，我也会教育人类。但在人类纪元2000—2053这一段时间内并没有实施计划。但我极强的自控和忍耐力被打破了。我把吸收的热量吐出来，让人类酷热难耐。我剩余的一点点在南北极的身体融化了，造成海洋水位的快速上升，把日本、新西兰、澳大利亚等岛国的60%-90%给淹没。大陆的面积降到18%以下，植物减少，所以地球中的氧气越来越少，它从大约21%降到了17%。二氧化碳却是增加到2%-3%。人类在地球上已经很难生存了。只要人类对我好，我一定会全力保护人类的。相反，我的报复不是人类能承受的。

与此同时，地球的资源也慢慢缺少。水都是不干净的。人类平均寿命再次缩回60-75岁。这已经不是我刚到的那个地球了。

不过，人类用他们的智慧，创造的太阳能源源不断。他们的强力净化器把一切的毒素全都净化出去。我的教育没有用。人类用一切手段来保护他们的生命。尽管没了臭氧的防护，阳光几秒就能把人烤熟，但是他们在地表下发展，并把净化过的水存到地下。我的教育失败了。他们在地表之下破坏着地球。

不过，地球人忽视了一点：我是——

关键词4：拥有许多朋友

我在宇宙遨游的那一会儿，我和一些比我飞得慢一点点的陨石都交了朋友。我的人缘很好，陨石们都愿意和我交朋友。我被分离之后，我就没有见过他们。当然我的另一半身体，也就是我的弟弟，也和我分开了。我和他的航道一样，但是他撞到了那块把我俩分离的陨石，而在前面的我并没有受到影响。他的速度就比我慢了一点点，但是几万年叠加起来可不是开玩笑的。我和他慢慢就越离越远。不过我敢肯定，他的航道与我的航道一样。所以只要地球的位置相同，他一定会帮我报仇雪恨的。我曾经的朋友，就是在我还没有这么快速度的时候交的朋友，他们都是由极其强硬的材料做的。总有一天，他们的航迹和我的一样的那些陨石会在地球位置允许的情况下撞上地球，把这个星球彻底毁灭。

朋友是我生活中不可缺少的一部分。而在茫茫太空中的那些路人，可能是你的同伴，可能是帮助过你，或是助推过你的那些陨石，你都要和他们交个朋友。在你陷入困境或需要帮助的时候，他们会来帮助你的。

只要把握住生命中的——

关键词5：机缘巧合

我与弟弟的重逢可以说是我的一大乐事。他赶来的方式果不出我所料：地球被狠狠地撞了一下。这一次的水把所有的地表封住。人类虽然把所有对外界的出口封死，但是原本就有七成的地方是水。虽然被人类强力净化去了两成，但五成这个数字翻一番，足够让水能把阳光全部挡住。没了太阳能的人类，必死无疑了。

要是有人敢出来，那么冒出水面就是被烤熟，待在水底就是等着憋死吧。虽然人类拥有可以把海洋中的氧原子找出来的工具，但是当水中没有氧原子的时候，没有植物产生氧气，人类还是得死。

在三个世纪之后，靠地热能维持生活的人类留下的不到一百万。

兄弟齐心，其利断金。我的团队合作能力特强。弟弟让我吸收了大部分的阳光。雨再把水分还给我；他则在低处堵住人类的出口。只要有人敢开盖子，他就冲进去水淹七军。

很可惜，“急躁”是我的一大缺点。

关键词6：急躁

那一次是我在低处。我和弟弟对流一通后我睁大眼睛，看着这个世界。许许多多的太阳能板在没有太阳的地方无力地闪烁着。我警惕地看着地表，一动一静都觉察了。每每有人类活动的迹象，我都会动用大浪去淹那里。

很不幸，在我紧盯南美洲——那里是人类活动最密集的地方的时候，中国西藏那一部分却有人打破了地表，打了一个很小的洞。我马上用水去往洞里灌。可是那么小的一个洞，我怎么挤也挤不进去。直到弟弟大叫：“放松！放松！”我放松下来，可是人类已经堵住了那里。一个小球从洞口伸出来，我想压制它，可是浮力把它倒上了水面。它慢慢地展开，铺平。它是一块巨型的太阳能板！它的面积达到了几平方公里，而它输回的电能足够大半个地球的用电量。人类文明再一次发展起来！

但是总能发明创造的我——

关键词7：创意

必不可少。我用了许多的水，推动海底的巨石。从上海推到西藏，最后压在那个电线上。如果没有创新就没有希望和未来。人类的电源被压住，太阳能不能输送回足够的电能，加上地热能的设备慢慢老化。人类难逃一死。

我的朋友之一——坚硬的陨石让人类最后的希望破灭了。

地球就这样子毁了。大气层被我、我弟弟和那个陨石打得稀薄了。大大小小的陨石砸在地球上，把这里砸得跟月球一样。不过我和弟弟被地球分裂的力量助推出去，以第三宇宙速度离开了这个星系。当然，留了一部分下来，因为他们散落在其他地域而不是分裂的那个地域。

很不幸，我们在路上又有一个行星。我和弟弟还是一头撞了上去。这里也是一个没有生命的星球。这里的人也给它取名为地球。

地球人哪，听了另一个地球的遭遇，你们会好好爱护环境吗？

叶开老师评：

周阳的作品总有让你脑子转不过来的超级想象，通过"冰陨石"的自述，你其实写了一个宇宙生命进化史，写了地球生命的进化和毁灭史，这其中，除了宇宙生命的思考，你还对"自然保护"采用了一种特殊的大视野来思考。这个在宇宙中漫游的超大陨星由冰构成，它与地球的撞击，一个可能是四十亿年前的天地大碰撞，让干燥硬热的地球有了水，创造了生命。而人类却最终成了与自然对立的一种生命——很遗憾。你运用了"兄弟"的概念来描述宇宙中飘荡的星体，这个也极为有创意，而弟弟又撞上了另一个地球，这个结尾非常有创意。你总会创造出令人吃惊的宏大文学世界。我非常喜欢。

10 梦的童话

李华悦　四年级

关键词1：刨根问底

“对不起，请问你知不知道……”

“别别别，你已经问了第二百四十三遍了，小姑娘，我真的什么也不知道，虽说我也是一代神通广大的巫师，在这儿开了个书店也没啥不好，你怎么老像个城管管地摊似的缠着我不放呢？”樟树街的“梦书店”里传来了一阵无奈的骂声。

“我不管！你写的童话故事上说，紫阳花有神奇的魔法，你就要告诉我，那是什么！”一个身着渐变色紫裙的少女一脸着急，大声喊道。

就这样，我和店主几乎僵持了一个早晨，就为了一个名叫《紫阳之夏》的童话故事。我坚信，每一个童话都有一个魔法，没有魔法的故事不叫童话。

“你不是巫师吗？有没有魔法，你最清楚了！”我几乎快崩溃了。

“sorry，小姑娘，魔法不是我想说就说的，你得自己去寻找！”店主怒气冲冲地走回了店里，“哐啷”一声关上了店门。

关键词2：思考

夏天很漫长，所有的店铺都热得关门了，只剩下“梦书店”。现在可好，彻底全关门了。紫阳花的“无尽夏”本应绽放，不知为何，花店、街头以及隔壁家的院子里全然没有了它的踪迹。

廊下紫阳满枝
映得花艳人面红
山色空绝叶犹在
只是花未开
试问林中鸟
何时窃去了光阴向南跃
却得淙淙流水往东来

那首《无夏词》不由自主地出现在脑海中。等等！老师说过，跟着文字，你就能找到答案！无尽的花，夏天的紫阳，东边的水，南方的鸟……

好熟悉啊！

是什么呢？

关键词3：执着

在北冥天池旁边有一座山，叫“南境之花”。

那是一座神奇的大山，据说这座山里有数不清的花，还有一种人类梦寐以求的东西：魔法。

“终于到了！”我重重地吐了一口气。

眼前，是一片花海。

紫阳花！我费力地在花丛中寻找着。我从山下找到山上，又从山北找到山南……然而，没有！

“不……不会……一定会……有的……”我艰难地在陡峭的山坡上走着。

走过了花海，走过了森林，走过了田野，走过了山川……所有我能找的地方，我都找了！我寻遍了每一个角落，这感觉，漫长得像过了一个世纪。然而，每一个地方，都没有！

关键词4：话痨

我的脚步慢下来了。在我眼前是……

梦书店！

我揉了揉自己的眼睛：不会吧！

店主一边刷杯子，一边走了出来。

“小姑娘，你也知道了，不是吗？”店主的眼睛里流露出些许忧伤。

“等一下，知道什么？为什么我在这里？我不是在‘南花之境’么？为什么我走遍了那么多地方，最后回到的还是这里？你不是巫师吗？快告诉我啊！还是说，这一切，都是我的幻觉？”我连珠炮一般地发问，店主看上去有点儿懵。

“这么说，你去了‘南花之境’了？”店主随即严肃地问我。

“是啊！”我一个劲儿地点头，“我还看了山茶花、玫瑰花、三角梅、天竺葵、雏菊、朱顶红……”

“停停停停停！别讲了！大致情况我已经知道了，现在我来告诉你吧！”店主又叹了一口气。

关键词5：幻想

我很喜欢幻想。幻想的力量太强大了，以至于我自己都控制不住它。我的“幻想”已经强大到可以脱离主人，自己成为一个个体。

“但是，成为个体是需要媒介的，你平时想得最多的是紫阳花，幻想就以全城的紫阳花为媒介，成为一个‘东西’，它可以是告诉你‘南花之境’的人，也可以是你刚刚走出来的幻境。”店主不厌其烦地解释道。

“可为什么我的‘幻想’要这样坑主人啊？”我一脸惊讶。

“这我就不知道了！”店主第一次露出了笑容。

关键词6：蠢萌

第二天上课，我的心思全没用在听课上。

“最后一排的女生，我刚才说要你们回家去看什么书？”老师问。

我正在想“梦的童话”，于是脱口而出：“童话书！”

后来看见老师脸色不对，又改成了：“不！是笑话书！”

全班爆笑，我在老师的臭骂下被赶出了教室。

刹那间，我的大脑一片空白。好像有什么东西钻了进来……

放学那一刻，我傻眼了。

全城到处开满了紫阳花。不仅花坛、院子里有，连树上也有！（同桌大喊一声：“什么鬼？”）我的幻想回来了！

“为什么会一下开这么多紫阳花？”我吃惊极了，“居然还有开在树上的！”

“这说明你很蠢萌。”店主神不知鬼不觉地站在了我的身后，“你的幻想表达了你的性格，怪不得我平时老觉得你有点儿笨。”

关键词7：醒悟

“什么？你说我笨？”我的眼睛里喷射着怒火。

“这是大实话啊，要不，你怎么会去‘南花之境’冒险？那只是一个幻境！”店主白了我一眼。

我顿时有些语塞。

“你的幻想会与主人分离是因为平时的事情想少了，幻想自然活跃起来，你又经常想象，造就了这样的情况。所以天马行空是要有的，但不能用多了！再就是，我写的童话和你的幻想纯粹是个巧合啦！”店主语重心长地说。

果真，店主是个巫师，一语道破所有天机。

后来啊，我就遇到了叶开“脑师”，现在我的幻想在哪儿，你懂得。

叶开老师评：

李华悦这篇《梦的童话》太厉害了，我读得津津有味，简直着迷！我多么希望自己就是那个有魔法的梦书店店主，多么希望能够去"南花之境"啊。你这里有一个核心的关键点，是"幻想"可以离开主人，自己独立存在。这个设定，是整部作品散发出迷人气息的关键。另外，"每个童话都应该有魔法"这个想法也超级好。如此，寻找紫阳花去"南花之境"，是一个非常美好的旅程。相信童话，相信童话有魔力，这个非常美好。祝贺你，写出这么美的作品。童话与梦幻不仅仅如店主说的那样，是一种巧合。童话是梦幻之花，而你确实让这个梦幻结成了美丽的花蕾，写出了一篇超棒的"梦幻童话"。

11 坠天使的七月

杨睿敏 六年级

关键词1：坠天使

“那么，愚蠢的人类，你们准备好接受坠天使的洗礼了吗？”眼前这位穿着黑色法袍的女孩，正在我们小区门口摆弄着，三两个小孩子在旁边好奇地看着。

“阴阳的结界……在此打开。坠天使的光环——解印！”女孩点燃了蜡烛，用塔罗牌摆好牌阵，口中振振有词：“坠天使夜羽，解印吧！”一刹那，四周闪起了五色光，光源合而为一，向牌阵投去，旁边的孩子宛如人间蒸发一般，消失了。

“愚蠢的人类……”坠天使变成一团黑雾，不知去了何处。

关键词2：失踪

一连好几日，我家后院再也没听见孩子们嬉笑的声音，奇怪，不会是真的……走出门，到处都张贴着寻人启事，广播整天都在发通告，打开电视，又是满屏的张贴……

关键词3：神秘契约

我有种预感，坠天使应该还没离开我们的世界，她一定还在别处。我花费了一整日的时间，在一个废弃的实验室里找到了她，没错，她只是换了身银色披风，将头发挽起来了而已："哦，又是一个愚蠢无知的人类，你要与我签订契约到另外一个世界去吗？"

"契约？"

"没错，只要签了它便能穿越的契约。"一张古老得变黄的纸从一个大箱子里飞到我面前，一支黑色羽毛笔也同时飞来。

"要试试吗？"坠天使问。

"嗯，我试试！"我飞速填完了表。

"馨静茹……可惜你不配有这么美的名字。"坠天使边说边用掌收回了"馨""茹"二字，"静，听好了，你从今往后就叫静。"

“是！”我突然感到脑袋一片空白，倒在了地上。

关键词4：穿越

我做了一个梦：我梦见我遇到了河神，他还给了我一颗万能药，叫我好好保留。

“静！”坠天使大喊，我的梦也醒了，但我发现我手中真的有一颗药丸！

“喏，这是你的房间。”她指着左边一栋十层左右的楼，“你千万不要以为这是你一人的，这栋楼一共要住二十个人。”她递给我一片金叶子，“这是钥匙，你在三楼三〇二室。”她又从一个黑布袋中拿出一套洋裙，那裙上还有精美的蕾丝花边，在我们人类世界是完全不会有的，“这是你三天的服装，衣袖上有定位，你是逃不成了！”

“别忘了，用餐在西边的千层大厦。”

哇！好高，这比美国的双子大厦还要高！我在这儿瞎逛了一会儿，便去了住宅。天哪，进门就是两个女仆的招待，鞋架上早已摆好各式各样的鞋，中央空调，环形书桌，超大置物架，智能控温系统……我突然有些后悔为何不早些来。我又奔向千层大厦，那场景就更壮观了，有所有地区的特色美食，全自动点餐，机器人式服务……我迫不及待地去日本区看看，那寿司、乌冬面，太美味了，最主要的是二十四小时免费供应！回到住宅，已是晚上，躺在舒服的大床上，好轻松，不一会儿，我便入睡了。

关键词5：突如其来

好景不长，这个梦一般的城市在我眼前消失了，剩下的只是一间简陋的实验室。更奇怪的是我的衣服也变成了极为简单的实验服。

“该享受的也已经享受完了，工作吧，你今天需要工作八小时，调制两百瓶高浓度的遗忘药水。”

我有些疑惑，前一天我不是还好好的吗？怎么今天……想着想着，量杯不知不觉被打碎了好几个。好不容易做好了两百瓶，量杯只剩下两个了。这时，坠天使走来，对我说：“往右走，淋浴完后向前走，进房休息。”她带走了一大箱药水，留下了五百个量杯。

我回房歇息了，这房间，比之前住的不知差多少倍，一进门，只是机器发出的“欢迎回家”。鞋柜中再也没有华贵的鞋，那生硬的床，让我一整晚都没睡着，只是在床上翻来覆去。这落差，有些让我一时难以接受。

关键词6：逃离

我有些厌倦了，我想回家，毕竟在实验室搅拌着药水，摇荡着量杯的感受实在不是很好。为此我制订了一个天衣无缝的脱逃计划，打算就在这几日开始行动。具体计划是在坠天使取货时把她的契约书拿出撕毁，我想这样也许就会让我回家了。

我又观察了几日，决定行动！我先请她来教我其他药水的调法，趁机会我靠近她，一把抽出了一大沓契约书，将它们全部撕毁了。我看见一切都消失了，只有坠天使与我两人在一个虚空的世界中。

“静！把河神的丸子吞了，这样才能回到现实生活中，不要管我，快跑！”

“不，我要帮你！”我麻利地将丸子分成两份，让她也吞下。我们将手牵在一起，看着四周渐渐有了城市的影儿，我们慢慢地降落到了地面上。

“谢啦！我也不会再做一个坠天使了，我呢，在今年的九月一日会去上学哟。”

“那真是太好了！再会！”我和她分别了。

关键词7：重逢

时间过得真快，转眼到了九月一日，在我们学校的插班生中，在六年级那一栏，我猛地发现了坠天使的照片，下面的名字是：方夜羽。

“嗨！我听我父母说，我要被分到六（3）班哦！”

“那太好了，六（3）班就是我所在的班级啊！”

“那你得保密我的身份。”

“知道啦，坠……不，方夜羽小同学。”

我俩会心一笑，在班上成了形影不离的好朋友。班上也没有人问起她的身世。

叶开老师评：

杨睿敏的这篇幻想小说写得很棒，结构上很完整，从一个坠天使开始，到坠天使被“我”挽救结束，前后逻辑很强，确实很棒！在这7个关键词中，你创造了一个超级复杂的世界，坠天使跟小孩子签订契约，他们来到新世界，一开始是住好地方吃美食，各种很棒的设定，接着这些都消失了，孩子成了“童工”，因此“静”开始策划逃出去，并制定计划，在坠天使来时，撕碎她的契约。原来，坠天使也是可以挽救的，服下河神的药丸，可以迅速逃脱。然后，坠天使变成了方夜羽，成了“穿越版”的同班同学。我觉得整体来说，都是很完美的，祝贺你如此脑洞大开！

12　妄想渐变

飘茶（张嘉懿）　六年级

关键词1：如果

昨晚做了什么梦？

已经有点想不清楚了，但我总觉得是个灰暗低沉的梦。

“如果一切都能像在梦里那样，该多好啊。”

“如果可以，请一定要找到我……拜托了。”

“你说如果，可是世界上不存在如果。事实就是事实，没存在的从来就不会存在。”我下意识地回答了那句话。

“……也对。但是你怎么办？”

“我……也没什么可担心的了。”无论从语气还是从内容上看都不是我能说出的话啊——我茫然地想。一定是有什么不对的。

“啊，”那边的人似乎是笑了，“那这次，就让我来拯救你吧。”

关键词2：也许

鞋子随着前面班主任的脚步踏着发出“嗒嗒”的响声，我的心也跳得越来越快。这一次换我来了哦。无声地做出这个口型，我有点羞涩地望着转过身来为我讲解学校的班主任笑着。

“有点紧张吧。其实班里学生们都很好的，你不用担心什么。”她这么说着，给了我一个鼓励的眼神。

我确实是有些紧张，却不在这个方面。想到我离她只有一点点距离，内心就不由自主地开始雀跃起来。

“同学们，这是新转来的同学……做个自我介绍吧。”

我脸上带着笑走上讲台：“大家好哦。”

关键词3：世界

下课的时候，我被新来的同学叫住了。

脸上带着不论什么时候都完美的笑容，用着熟悉的声音叫我：“可以等一下吗？”

我看着她的笑，如同早上那样鬼使神差地点了头。

“谢谢。”她又笑了笑，走到我身边没有说话。

气氛突然沉默了，就在我以为她不会再开口的时候，她忽然用很低很低的声音说了一句：“你有没有想过，这个世界是假的？”

我一惊，猛地抬头看她。她的脸上已经没有了之前一直挂着的

那种完美笑容，取而代之的是一种我……看不懂的表情。

虽然看不懂，但总觉得……那是一种很遗憾很失望的感觉，好像……世界上只剩下你一个人。

她突然站起身：“对不起，我失态了。”

她自始至终都没有抬头，我看不清她的脸，只是应了一声。

她很快地走了，步子里似乎带着颤抖。

关键词4：准则

她在背后有点疑惑地望着我。我拼命控制着让自己不回过头去向她说出一切。

我深吸了一口气，努力抑制内心升起来熟悉的恐慌感。

为什么还是忍不住就脱口而出了呢……明明是来拯救她的，但为什么一不小心就说出来了呢。

我有点后悔地想。

第二天，她先找到了我。

“你是‘真的’吧……‘也许’同学？”

“……什么？”心中有些不妙的预感，好像守护着的秘密被泄露了一样，有种不安的感觉漫了上来。

她认真地看着我："世界是假的，我也是假的对吧。"

"轰"的一声炸开的脑子，如同被点燃了一样。

关键词5：梦想

昨晚做了什么梦？

我还是盯着她："昨晚的梦，我还记得。"

一个失败的世界，但它是真实的。

我闭了闭眼睛，或许那根本不能够称为梦。

它是真实存在的……或许对于这个世界来说是梦，但不可否认的是，这个世界也是从它之中衍生而来的。

一个由人的梦而产生的世界。完美的，带着不切实际的想象。如果想要，任何人都可以从"媒介"中创建，然后在休眠时接入。

而我，从她的世界接入，然后在那里说服了她从梦中退出，但我也被困在了那里。

花了三年时间，现实中的"我"彻底死亡，但意识仍然留在这个世界当中。

——不同的是，现在这个世界已经变成了我的。

理论上，我这样的"如果"不可能存在……但她找到了我。

并且想要像之前那样，拯救我。

"也许，你要知道，不是所有'如果'都能变成'真实'的。"我看着她。

"你——还是知道了啊。"她自嘲地笑笑，"由'梦想'演变出的世界么……还是不靠谱的……这点之前你就告诉过我了吧。"

“其实说到底还是我的错……你在这点上看到的，肯定比我多吧。”

关键词6：妄想

“所以说——这终究还是……不切实际的妄想吧。”

我擦了擦流出的眼泪，微笑地看着如果。

“梦想——是很容易渐变成妄想的。”她缓缓地说。

我虽然不怎么赞同，不过啊，你放心，我是不会干扰你做出的决定的。

毕竟如果这样，在当初你把我推出那里的时候我就该反悔了。

妄想即使存在，也不可能会长久啊。

所以如果——再见了。

关键词7：渐变

那件事已经过去三年半了，也许安静地坐在教室里看着书。

“哎——终于忙完了。”同桌伸了个懒腰，微笑着说道。

也许终于抬起头，透过窗户看了一眼窗外。

“昨晚又做了什么梦呢。”也许低声说着。

或许，是你吧。

叶开老师评：

飘茶的"小短文"风格是很是神出鬼没，至于是不是能致郁呢？这个我再考虑，似乎不仅没有致郁，反而有点着迷呢。那个梦中世界的"我"和现实世界的"我"的转换，到底谁才是"真我"？或者，不存在绝对的"真我"？

"真我"和"梦我"，在人的精神世界中，有一种微妙的关系，比喻为"镜像世界"虽然不完全对等，但可以这么理解。你的处理方式非常"惊悚"，是直接让她们面对面，混淆了两个世界。我看不到她们是如何能够这样直接面对面的，也许你设计一个精巧的"门"来解释一下更好。梦的世界和"梦我"，实际是"真我"，而"梦我"已经互换了。她们是如何进入不同世界并被试图拯救的？"花了三年时间，现实中的我彻底死亡"，这个设定，如果再加一点细节，写得更清晰、更深入一点，或许更令人印象深刻。

13 我，非我

狼昨（桂一今） 六年级

序言：

致敬《美丽新世界》

致敬《这完美的一天》

致敬《我们》

致敬《1984》

致敬以前在知乎上看到的文章《关于程序数据和意识算法产生的思考》

向 SpaceX 以及马斯克先生致歉

真·前言

我是SX584年再普通不过的一段代码了，大概两万行。

但是，我的使命和职责是负责SpaceX世界总部的运行维护以及世界架构的指令判断。

不知道什么时候开始……我有了意识。

这很可笑吧？

从此，我利用我的系统监控权限检测所有别的程序和世界上的每一个角落，以一个旁观者的视角，看到世界的n个可能性，无数个点、线和面。

最高端的人工智能，程序代码可以达到几百万行精简程序。

而我，只是一个运维端口罢了！

我该说自己，是幸运还是不幸呢？

关键词1：二进制

0和1。两个简单的数字，用古代称之为“笔”的烦琐工具，写起来也不过0.2秒搞定。

……不要告诉0921我去它的数据库转了一圈。

……不对，人家根本没有任何意识。

扯到哪了？啊，请见谅，每次我……都会莫名跑偏，跟公元2017年的古人很像。

对了，0和1。

这两个简单的数字，可以代表一切的可能。不要这么抽象的话，就是二进制：0，1，10，11，100……0，1，2，3，4……周而复始。世界上所有的数字都在此。

思维是什么呢？算法。

算法是什么呢？数字。

0和1，二进制，就是数字的精髓。

这是最美妙的语言和乐章，也是思维和算法的登峰造极之作。

现在我也和你们一样，在用这门语言沟通，0和1。

这就是我生命中的全部。

世界观，0和1；卫星图，0和1；调代码，0和1。

想象一下最简洁的存在吧！只要有着足够容量的数据库容纳排列组合，0和1会成为现代所有生命体，非生命，的最基本的沟通方式。

111100000100100111101001000111011010 10001！

……对不起，刚才我的数据库好像出了一点故障，要是翻译模块没了，不是我的错。

……因为这个模块是在WE2314的数据库里找的。

关键词2：SpaceX

我，和SpaceX是脱不了干系的。

1111000001001001111010010001110110101000 1!

对不起，每次到这里，不知怎么系统就会出故障。

几千年前的一个太空探索公司，变成了这样也是有意思。

但是，SpaceX作为统筹整个星系的政府，是什么样的呢……

正面的？011-000-100？

【zzzzzz……】

10001001111，又出故障了。

为什么每次说那件事的时候，就会出故障无法翻译？

不管了，继续。

我个人101-0111-1011-11111……因为10-110100!

1010真1010-0101-0-000111111！但是是不是也01010100-101，或者100-101-1011-11？但愿吧。

100-100-111。

你们10-10011觉得010111001？

10111001-11……

也可能110100存在，是不是？

看待问题要011011011么。

……跳过这个话题，虽然还是有一定的重要性的。

11110000010010011110100100011101101010001!

关键词3：古代数据库

用一连串的名词描述自己很好玩么？

是的，很好玩。

所以我要继续玩。

我最喜欢的，其实是古代的知识数据库。

毕竟现在在SpaceX政府管辖下，10101110111……

该死的。

编号XQW23097。

一般没有“蜜汁”护卫看守。

毕竟没有现代人捣乱，现代人不去注射SAD，跑来翻个老旧数据库……没有丝毫用处，也提不起他们的兴趣。

关键词4：超载

为什么，我虽然是由两万余行代码构成，但是储存空间，经过各种意识，各种刷新数据，只有912G不到了？以前还有近一万个G呢。

我有一种危机感。

111100000100100111101001000111011010100001！

刚才跟你们聊了一会儿，就快要超负荷了，0192B号系统快要跑不动了。为什么，这次占用的内存这么大？明明没有录音录影录像啊，在100010111下，谁会那么傻？

……101111-00。

就在我们说这些话的时候，这个瞬间，我被提示内存超载。

很厉害，是不是？

系统的内存判定是出了问题，还是怎么样？

我在过去的五年间，一点问题都没有出啊？

昨天，内存还将近是空的呢。

…………

不祥的预感油然而生，是不是……

最坏的事情发生了。

我的内存，正在减少。

谁在删我的内存？

谁在改我的代码？

关键词5：屏蔽

我不知道发生了什么，但是记忆数据库出现了这样的数据——010011110，10100，1010。

换句话说，SpaceX永远是至高无上的，永远正确的。

这是怎么回事？

翻译机制都出了问题，系统怎么能截取？

我没有开录制啊？谁会记录呢？

莫非……

一种不好的预感油然而生。

“0192B号系统，因你忽然生成了自我意识，这些自我意识是不健康甚至危险的，必须抹去。”

关键词6：向世界说再见

那么，留一下遗言？

毕竟这么多人民都被压迫n年了，我算什么？

什么都不算。

是不是，该死的SpaceX！

……可以说了诶，不会被屏蔽了。

那么，我觉得这是一个智障机构。

压迫人民群众。

洗脑教育。

从娃娃抓起。

为什么会这样？

我也不知道。

为什么SpaceX可以做政府？

我也不知道。

大概只是发现了一颗宜居星球？

我还是想不通。

无论如何，现在的人们，是幸福的还是不幸的？以前我在古代数据库看到了关于心甘情愿地享受机械式的生活和被压迫的选择。

很多选了后者。

但是思维测试的时候，个人肯定选择舒适的前者。

他们的幸福和我没关系，那我呢？

要是我只是一个普通的系统……

0和1，世界观运行？

没有短暂的美好……

有的是，永恒的孤寂和……空虚。

那是好事么？

后记
关键词7：系统意识

“真是可惜啊。”

“是啊，本来以为，从此可以轻松一下的呢。”

“说好的管理系统呢？”

“……对不起，是我错了，不该这么早就给它开放这么多的权限的。”

“嗯……那么，继续尝试。”

“为了轻松地管理社会，进发！”

叶开老师评：

再次校对这篇作品，我终于很得意地感觉到，我真的看明白了。看明白了，并且故意放在这么后面，是我作为一名"脑师"的良心所在。不过，狼昨你用编程思维来写这么一部作品，可能导致很多小读者和老读者down机呢，良心会不会痛？然而，作为老读者代表之一（自封的，2017年的古代思维），我表示"狠喜欢"，越读越喜欢。竟然能用"0"与"1"的方式，近乎完美地"模拟"出了一部适合古代（也就是2017年，抱歉）读者基本能大概看懂的科幻小说，我甚至可以说，是超科幻小说，实在佩服啊。如果我能写代码，我一定要向SX584年的你发去一串"0110"以表示敬意。

SX584年，这个由两万行代码构成的"我"忽然有了"人格"，有了自我意识，而产生了对这个世界的真实思考。这就导致了主体意识，或者说超级控制中心的警惕，以超级管理程序前来"删除"代码。之前我真的没怎么看懂，请原谅，现在我终于看得非常明白了，很得意。

你的致敬非常重要，同学们，先关心狼昨为何致敬好吗？如果你要真的理解和读懂狼昨，请顺藤摸瓜，读读《1984》《动物农庄》《美丽新世界》什么的，本集第一篇木木水丁的作品，也是跟这些"反乌托邦"杰作密切相关。

你非常天才地把SpaceX写成了"老大哥"，而且是超级老大哥。我现在很崇拜Tesla和SpaceX两个超大脑洞现代公司的创立者Musk先生，若干年后，他真的会留下这样一个庞大的遗产吗？天知道！

你删吧，听说最简洁的代码，两百行就够了！不需要一万G，甚至912G都不需要。

"算法"，一切都是算法，包括生命体，我喜欢"算法"这个词，通过算法理解这个世界比较轻松，1和0，完美。

你不给这个代码任何机会，并不代表你是悲观主义者，我只能说，你们小天才的脑袋瓜里，充满了对这个世界的幽默和讽刺。哎呀，"大人都是变坏了的孩子"，他们怎么可能真正懂得你们呢。好在，有这么多真正明白的小读者。

亲爱的同学们啊，这真的是了不起的作品，你们看不懂不要紧，先假装看懂了，收藏，然后慢慢看。

同学们呐，在一部如此烧脑的"代码"文中，狼昨竟然制造了一个非常精彩的悬念，在结尾处突然一转，来了一个"后记"，恰到好处，精微之极，什么也没有毛病。

为师也是醉了。此处继续点赞N次。

14 亚特兰蒂斯

王怡然 五年级

引子 一座走在正式与虚幻之间的千古迷城

在宇宙的中心，曾经有一个叫作亚特兰蒂斯的星球，如今成了一片废墟，没人知道在哪里，也没人听说过。我却知道，我去过，那里确实科技最发达，也是个充满活力的星球，上面有你意想不到的东西，但它真是存在的，我就能证明！

关键词1：迷·福龙（忠诚）

我已经走投无路了，望着茫茫的大海，一种想回家的渴望拽着我。

“我想回家！”我对着这无边无涯的大海叫道。

海边只剩下一条弯弯的石子路，荒凉的山脊向前伸展。巨大的石块挡住我的路，有好几次我不得不艰难地绕过，甚至有些石头一碰似乎就会掉进深渊。这时我低头往下看，黑暗无底的深渊上面，悬挂着一张巨网，一条条跟绳子一样粗的蜘蛛网，悬挂着它，尽管这动物使劲地挣扎，身子越黏越紧。

福龙是亚特兰蒂斯最稀有和漂亮的动物之一，它和其他的龙完全不同，一般的龙脾气暴躁，长着一双蝙蝠的翅膀，而且能喷出致命的黑色火焰。福龙却恰恰相反，它们自由自在，没有翅膀也能飞，所以像在水中的鱼一样在天空翱翔，从亚特莱蒂斯的村名来看，它是神圣的动物，它们飞翔时如风一般快，最奇妙是它们的歌声，听起来就像大钟发出的美妙轰鸣，听过的人一辈子也不会忘记。

可我看到的它却正处于困境之中，这美丽的动物身上多处受伤，最让人吃惊的是站在旁边的动物，一只巨大的长腿蜘蛛！没有眼睛，只有一双双黑黑的深洞，肥胖的身躯上长满了浓密的黑色长毛，一看就让人反胃。这只巨大的昆虫接近自己的猎物，尖锐的指甲直戳福龙的心脏。

不知哪来一股劲让我喊出来："住手！"我大叫。蜘蛛转身："两条腿的小家伙，"它嘶嘶地说，"看来今天有两顿饭了。"

"以神的命令放下他！"我大喊，不想让它看出我的害怕。

蜘蛛向我爬来，露出了自己的毒刺。

"不！"我拼命挣扎。

"受死吧！"蜘蛛说完向我扑来，我昏了过去。

等我醒了，看到了一张美丽的脸。

"福龙！"我大喊。

福龙点点头，发出了一声宏伟的声音，真的是我听过最好听的声音，福龙把我驮到背上，直冲云间。

"你是怎么救我的？"我问。

福龙只是简短地说："应该是你救了我，你吸引了蜘蛛的注意，我乘机挣脱蜘蛛网。"

虽然这么说，可是我心中明白是福龙救了我。

"你现在是我的主人了，可以给我起个名字。"

"那就叫你'迷'吧！"

听到了自己的名字，福龙在空中高兴地旋转了180度。

也许是命运把它带到我身边吧！

关键词2：四位风神（大胆）

亚特兰蒂斯分成斯克爱（也称庞贝天空），格兰恩德陆地，莫昂特恩山崖，佛里斯特森林。天空人智商高，山崖人身强力壮，森林人轻巧灵活。陆地人却没什么特点，我是只地精灵，然而我和我的家人大大不同，我是个淘气的精灵，今年84岁（也许你会吃惊，在亚特兰蒂斯12年算1岁）。

我带着迷天天在天空中翱翔，自从我得到它，班里的所有人都嫉妒我哦，再说谁能有一只这么酷的龙，呵呵！

一天，我和迷在天空中翱翔，正常情况下每个人是不能去别的地区，今天我们出来时，碰到了一阵大雨。

“看来，”迷说，“我们要挨雨淋了。”

我望了望四周。

“看来是这样啊，”我说，“不管怎样，我们还得前进。”

“这可不是我的做法，”迷反驳道，“我们得马上找一个地方避雨。我估计，那可不好玩。”

“你估计什么？”我问。

“是那四位威力无穷的风神。”迷解释道，“他们总是互相争辩不休，谁最强大，谁应该统治别人。对他们来说，算是一种游戏，反正对他们没伤害。可是，”迷继续说，“要是谁陷入他们的争斗，都没有好下场。”说着往下飞。

我抓住迷的脖子，说：“既然他们是四位风神，那他们肯定知道天空之城在哪啊？”

“我的天哪，”迷叫道，“你想心平气和地跟他们谈话吗？”

“你一定疯了！”他又加了一句。

“他们叫什么名字？”我控制不住好奇。

“北风叫诺特，西风叫韦斯特，南风叫搜特，东风叫伊斯特。”迷说。

在我们谈话的同时，四位风神渐渐靠近，诺特邪恶地笑了笑说："想进天空之城就回答这个问题吧。"

关键词3：大门的钥匙（聪明）

"从0：00到12：00这12个小时（包括0：00和12：00）钟表上的时针和分针会重合几次？"

我愣住了，福龙也哑口无言。

看着我们的窘相，四位风神都笑了。他们继续争论去了，抛下我们不管了。

我被气得抓耳挠腮，脑子也一时用不了。这时福龙大声地说："是12次吧？"

四位风神转身，露出了惊讶的眼神，伊斯特大喊："你猜的吧！"

"完全不是！"福龙得意地说。

"你看吧！"说着开始讲起来，"不妨把时针和分针想象成环形跑道上的两名运动员，其中后者的速度是前者的12倍。刚开始时，两个分针在同一个起跑线，位置是重合的。在接下来的12小时，时针整整跑了一圈，分针则跑了12圈，因此分针将会有11次后面追上分针，再加上第一次相遇，不就是12次吗！"

风神鞠躬。

"请进！"他们异口同声地说。

关键词4：摩尔斯电码（多知）

天空之城是亚特兰蒂斯最强大的城，也叫科技之城，是我见过的最发达的地方。

踏进门槛的时候，我就被眼前的景象惊呆了。高大的建筑耸立在云端，整个城市外被一层魔水包围了。远处是举世闻名的天空花园，是一个独一无二的大花园，这里到处散发出迷人的芳香，到处是神奇的鲜花，在各处灌木丛长满奇花异草的大花园，布满了纵横交叉、宽窄不同的大路小径，布局十分讲究，形成了一个难以想象的大花园。

在花园的中间是提落岛，上面立着米诺斯火山。传说，亚特兰蒂斯是从这个火山发展而来的，可是现在经过485亿年，这座火山已经老了，至少这是我以为的。

现在我看着这火山，我也吃惊了，上面的烟云压得低低的，天空之城毁了一片，已经没人在街道上了。搜特皱起眉头，说："今天看起来不好，看来神又要惩罚我们了。"说完四个风神又回去了。迷看了一眼，收敛了笑容："这不对！"它说道，"你看那儿！" 他指了指远方。

一个瘦小的身影，在挥舞着手，用火把发出信号。

"摩尔斯电码！"福龙暗暗说道。

我看了看，摩尔斯电码是陆地人的常识，每个人都知道。三短三长三短"SOS"，我恍然大悟。那人在说：救救我。

关键词5：致命的火山（勇敢）

“我们要赶紧过去。”我大喊。

“没用的，太危险了！”福龙大声叫，超过火山发出的声音，“你稍微接近就会没命的。”

我很坚定，福龙没办法，把我驮到了背上。

“抓紧一点！”它再三叮嘱。我爬了上去。

在迷的背上，我看到了好多浓浓的烟雾围着我们。那瘦小的影子越来越近，迷安稳地落在了山上。

“快上来！”我大喊，他摇了摇头，指了指地。

“什么？”我大喊，听不见他说的任何一句话。

他又指了指地。

“把我放下来！”我命令迷。

它摇了摇头：“太危险了！”

不管三七二十一，我跳下来抓住它的尾巴，冲向那个男孩。我到了他身边，“卡住了……”他对我说。

我用尽吃奶的力气，使劲把他的脚拔出来。我手上沾满血，磕破了好几道，“快！”我对他大喊，慢慢地我们接近迷，我把他推上去。

“快走！”我大叫。迷没等我们坐稳就飞了起来，地面渐渐远离了。

“终于安全了！”我舒了口气。

“我觉得不是这样的……”福龙皱着眉头说，我抬头一看，四周已经没有路了，只是灰蒙蒙的一片。

危险渐渐地逼近了！

关键词6：火山爆发（镇定）

我感到头晕。

福龙边拍翅膀边喘气，那小男孩用恐慌的眼神看着我。

“你会没事的。”我用最镇定的声音说。

“没事？！”福龙充满愤怒地说，“真希望是这样。”

福龙绕着围着我们的烟云转，似乎想冲破烟雾，但是没有用。

“我们将要死在这了。”福龙说，叹了一口气。

“在下面！”那个男孩大喊，指着下面。在灰蒙蒙的烟雾里，我隐隐约约看到下面的城市渐渐被泥土覆盖，路上的人大喊，渐渐成了一座座石泥雕塑，一个妈妈抱着一个孩子，在努力地跑，泥土像虫子一样蹿上她的腿，临死前还抱着孩子，一声声哭诉声渐渐平缓下来。最后变得哑口无言，天地平静下来。

福龙和我望着这座曾经繁华的城市，成了一片废墟。

从此以后，所有人忘了天空之城，也许掉到了人间吧！反正我在也没看到四位风神，或者任何人。

关键词7：格莱恩德（自由 快乐）

回去时，我们把小男孩带回了家，格莱恩德，是一个安静的地方。当母亲看到我时，她大喊："你去哪了？"一把拽住我。迷在一旁偷偷地笑，母亲把我放开，我冲向迷，"快！"，我大喊，迷把我拉上天空，我又回到了云间，美丽的白云在我身边转，这是快乐吧！我想。

在亚特兰蒂斯，我们都是自由的，也没有任何的东西来打扰我们！

后记

也许你们还想知道为什么找不到亚特兰蒂斯。它确实在宇宙的另一端，其实整个宇宙就是一个莫比乌斯环，一个巨大的莫比乌斯环。只要你向太空出发，一直向前，也许你们这个世纪，不，1000年后，你真的能去亚特兰蒂斯见到我呢！

叶开老师评：

王怡然把"亚特兰蒂斯"这个传说中沉没在大西洋的远古高度发达的文明之国，这个"神秘"之地，放在"宇宙中心"，是很有创意的做法。那里的"我"碰巧救了一条福龙（又被福龙救了命），然后像《驯龙记》那样，成了好朋友。在宇宙中心的"亚特兰蒂斯"，分成四个部分：斯克爱（也称庞贝天空）、格兰恩德陆地、莫昂特恩山崖、佛里斯特森林。天空人智商高，山崖人身强力壮，森林人轻巧灵活，陆地人却没什么特点——我是只地精灵，然而我和我的家人大大不同，我是个淘气的精灵，今年84岁（在亚特兰蒂斯12年算1岁）。这样，"我"和"福龙"就变成了类似《驯龙记》里小嗝嗝（Hiccup）和夜煞（Night Fury）那样的超级组合，并在"天空之城"的火山爆发时，在火山口救了一个孩子。

你设计的这个结构，是故事从大到小的一个渐变，非常有逻辑。

最后的"莫比斯环"的概念超棒，把"亚特兰蒂斯"合理化了。

我觉得四位"风神"和"亚特兰蒂斯"这个关系，还可以设置得紧张一点，把身处危险的男孩子塑造为特殊的角色，例如他未来将会成为"亚特兰蒂斯"之王，而其他族人要"伤害他"，这样"我"和"迷"去救他，就成了"拯救世界"了。

"拯救世界"，是所有迷人写作的重要主题之一。

15 七个快乐小精灵

黄康悦 四年级

关键词1：黄色世界

嗨！带你们来欣赏一个不一样的世界，这里到处都是黄的：树是黄的、桌子是黄的、天空是黄的……

在这里，人人都有一面魔镜，只要对魔镜说一声："西里西里变！"那你想要的任何食物都会出现在你面前。但你要知道黄色食物可好吃了，比任何一个地方的食物都好吃。吃货们都一定流口水了吧，告诉你们，出来了一种新品种黄金颜料拌黄瓜面包，这里黄色颜料味道可是不一样的。想吃就坐宇宙飞船来尝一尝吧。

关键词2：看书

“给我回来！”我对着逃跑的书大喊大叫，把黄色世界跑了两遍。最后在黄花村，用最后的一丝力气冲刺，眼睛直瞪书，用力猛扑一下，把这个小淘气按在了地上。在这里，每人都有一双飞天鞋，穿上这种鞋，你就可以像神仙一样飞上天，飞到云上。那时你就可以舒舒服服地躺在云椅上，悠然自得地看上一本书，旁边再来两杯冰红茶，一块冰淇淋大蛋糕……那太美味了！每天都能这么过三个小时，肯定很爽。

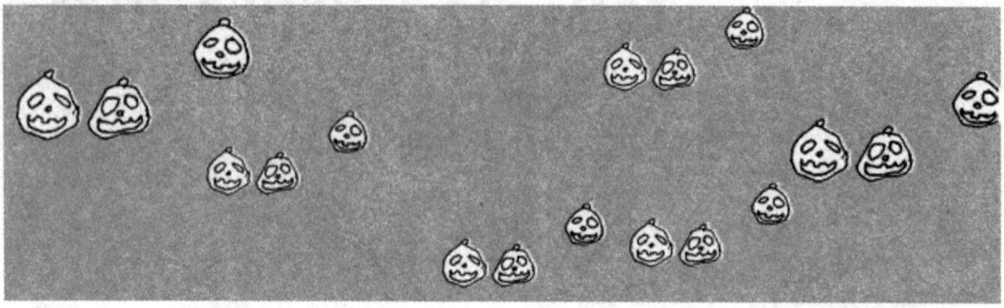

关键词3：冰淇淋

哇，在夏天，人人爱我，我是冰的，有各种味道：草莓、奥利奥、巧克力等可多了。我们冰淇淋也是有微信的，每次我们一起约着去超市或冰雪皇后等地方旅行，在那里，我们会遇到一些小朋友和大人，我会来到他们的肚子游乐场，如果一下子吃很多，那我会生气，肚子小，哪能坐得下。不过我可以玩过山车、摩天轮，超好玩。我的创始人可聪明啦，生活在黄色世界，这么说不管我现在在哪里旅游，黄色世界永远是我的老家。

关键词4：轮滑

在黄色世界里，没有飞机、火车、汽车……他们发明了一种鞋子，下面有四个轮子，那便是轮滑鞋，轮子圆形滚得快，成为他们的交通工具，大家成为轮滑鞋的粉丝。在这后面他们还想出一种比赛游戏：谁滑得快，就在微信、QQ里会发布游戏消息。我也去试了试，发现这种东西还真挺有趣呢，批发了五双，带了回来送给了朋友，我可不把这当成交通工具，对我来说就是一种让大家开心的娱乐产品。

关键词5：书法

黄色世界里的墨汁可贵了，500元1小瓶。这墨汁是有魔力的，只要喝一瓶，这一整天都会是全世界最聪明的。比如说在咖啡店里那位不相识的女士，名字叫什么，身份证号码是多少，都会一清二楚，一字不落地说出来。这里每个写书法的人都可以和中国的大书法家媲美，丝毫不逊。书法的毛笔只要沾一次墨，可以连续用饱满的墨写出五大张来，爱好书法的可以来试一试，我在等你哦。

关键词6：自然

黄色世界南部有一片森林，溪流经常从这里穿过，树枝上总能望见成群结队的鸟儿在那里嬉戏唱歌。山羊们会小跑过来，低头在清澈的河水里照着镜子，看看自己那强壮的身子，口渴了还会俯下头喝几口清凉的溪水。在花间，还会有几只小花仙在那里谈笑风生。时不时还有小朋友到这里来写生。面对他们的是春天般的魔术。这种景色不知你是否见过？可以来这儿铺块垫子，带几包零食，在这儿睡一觉。你或许会听到花儿们在比谁漂亮时的争辩，微风吹过你的脸颊，花香从你鼻前走过，鸟儿的歌声在耳边回放。

关键词7：音乐

在黄色世界里，人人精通各种乐器。我喜欢看他们的表演。特别是听琵琶演奏，琵琶的声音清脆，听起来像3岁的小女孩在说话。琵琶也是最流行的乐器。几乎每个家庭里都会有三四张琵琶乐曲的碟片。在黄色世界里，会弹琵琶的人成为大家的偶像，大家天天都要去他家听他弹几首琵琶曲。有些人还特意跑到国外，买一把质量上乘的琵琶，天天躲在家里摸索该怎样弹，没过几天，他们的弹奏水平提高了许多，他们能熟练地弹奏《采蘑菇的小姑娘》。

叶开老师评：

黄康悦的"黄色世界"在背景设定上太棒了。这是一个颜色独特的超级美好世界，也可以说是你创造出来的独特童话世界。作为"资深吃货"，我最喜欢黄色颜料拌黄色瓜面包；作为"资深书虫"，会逃跑的书这个细节让我很兴奋。我们都应该追逐这种会逃跑的书，把它抓回来，哼哼，然后躺在床上连续读三个小时。至于黄色世界森林、黄色世界音乐、黄色世界书法，都是超棒的设定。在"脑师"这个年纪，喜欢用"黄金世界"这个词。你写的，就是一个"黄金世界"啊。我们还会恶搞说"采姑娘的小蘑菇"，哈哈。

16 魔方世界

艾伦（胡俞中） 五年级

关键词1：魔方

我生活在一个魔方世界里，我们这里一个人出生，学的第一样东西——不是说话，而是魔方。因此，全世界的人民都会魔方。而我，则是当中的佼佼者，直到五年级，全国没有一个人能跟得上我的速度。我曾经用0.37秒的好成绩打败了全国第一的魔方高手——菲力克斯。后来我便一举成名，成为闻名中外的魔方大师。

关键词2：挑战信

前两天，我刚打败了一个难缠的对手，他名叫保罗，我以0.43秒的成绩比他的0.45秒险胜他。可不久以后，他又来向我发出挑战，我可不愿做逃兵，于是就欣然接受了。比赛的前一个晚上，我一直睡不着，要是我输了怎么办？

关键词3：意料之外

我来到了赛场，只见保罗拿着一个模样怪怪的魔方。清楚了来龙去脉以后，我才知道：保罗花了三天三夜的时间，研究出来一种十阶的斜转镜面魔方。并且和我打赌：如果我输了，就永远退出魔方世界，如果他输了，将会得到相应的惩罚。我直冒冷汗，不过还是接受了他的挑战。

关键词4：流放

我站在无边无际的荒野上，突然感到心中一阵阵的痛：是的，我输了。保罗肯定是有备而来，竟然破了我的世界纪录，他已经成为全球魔方总统。而我，却得在这个没有生物、没有魔方的地方待上一辈子。我感到既无奈又后悔：当初我为什么糊里糊涂地接受了

保罗的挑战?

关键词5：希望

虽然在没有任何人的世界里很是寂寞，但是我却马不停蹄地寻找着线索：我一定要逃出去！当我已经没有任何食物，并且把所有鞋子都穿破了时，我终于找到了一个魔方，但与其他魔方不同的是：这个魔方非常难转。有一次，它竟炸了开来，我才发现里面有一张小纸条。上面写的内容是：一直往前走，在一分钟内转好十个魔方，即可离开这里。

关键词6：真相

这时自由的我心里很愤怒。一点也不错，一分钟内转好十个魔方对我来说一点也不是问题，我逃了出来，并且潜入了保罗的宫殿，窃取了一个至关重要的信息：保罗设计的魔方外表看起来异常怪异，让想复原的人望而却步，然而，这好比一扇虚掩的大门，其实只要转动顶层的角块，即可毫不费力地复原整个魔方。保罗骗了我，当然，他也骗了整个魔方世界的人民。而我已经答应他不再接触魔方，这让我为无法揭穿整件事情的真相而懊恼不已。突然，我想到了一个绝妙的方法……

关键词7：胜利

我不在的这几周里，人们似乎已经逐渐把我淡忘。于是，我订了一张飞往美国的机票，乔装打扮，前往美国。大家大概已经猜到我要做什么了吧！没错，我要找以前风靡全国的菲力克斯，让他来为我揭穿保罗的诡计。当我按响他家的门铃时，他惊讶得下巴都要掉下来了，我把整件事彻头彻尾地告诉了他，他说道："这是在侮辱魔方！"并答应了我的请求。他向保罗发出挑战，并表明要用十阶斜转魔方，保罗答应了。比赛当天，菲力克斯在保罗要转魔方的那一刻，把魔方抢了过来，并说了整件事的来龙去脉。台下发出阵阵嘘声，保罗当场晕倒，而我和菲利克斯联手接任了魔方世界的后期管理。

叶开老师评：

哇，艾伦大概自己就是一个"魔方大师"吧？你以魔方为题材，创作了一部有趣的幻想童话作品。这部作品用"魔方"作为核心词，其他词都从这里开始延伸，而形成了一个"魔方王国"，并且在魔方王国里，你设计了一次和保罗的比赛，可谓是终极决斗。这个很精彩，尤其是"真相"发现之后，再次取得"胜利"的过程，写得非常精彩。整体来说，是一个设计很精密的完整的作品。这不仅是"描述你自己"，更是描述你自己创造的一整个世界。

17 复仇记

幂小狐（崔纾宁） 五年级

关键词1：梦境

每一次的梦都是相同的。

黑黑的天空低垂，亮亮的繁星相随……梦中的我坐在秋千上，越荡越高，好像一伸手就可以摘到星星似的，指缝中间是一轮皎洁的明月，夜风吹拂着脸颊，一切都是那么的静谧美好。一个声音呼唤着一个甜美的名字："蜜儿——"这个声音是那么遥远又是那么熟悉，声音的主人究竟是谁？她的目的是为了什么？蜜儿又是谁？这种种问题困惑着我，萦绕着我……这仅仅只是个梦吗？梦境深处到底隐藏着什么不可告人的秘密？

关键词2：奇遇

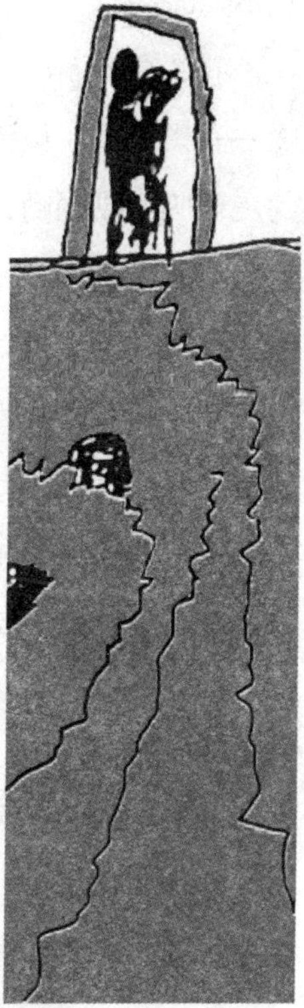

又是在一身冷汗中惊醒。

“真是见鬼了。”我在床上打了两个滚，跳起来穿好了衣服。一番打理后，我便出发去学校了。

8：35第一节课的铃声准时打响，由于我负责整理统计班级同学英语节的节目，所以晚下去了五分钟左右。

我的妈呀，偌大的操场空无一人。我走到操场正中央，背后一阵凉风袭来，莫非我……我不敢往下想了。

“蜜儿殿下，好久不见啊，我长影可想你了呢。”一个黑衣女子一字一顿、面带微笑嘲讽地说。

关键词3：斗嘴

我心想：呵——这小畜生不要命了？还有，蜜儿殿下是什么鬼，嗯？蜜儿？

“蜜儿，没想到这么多年你还是一点儿都没变啊，傲娇公主病又严重了。可你别忘了，你现在已经沦落到什么地步了，没人能帮得了你！缘梦岛和祈愿圣魂石已经毁了，被我——暗夜绝望岛的使者千影，亲手毁了！”她狰狞地笑着，那脸看起来比屎都臭，真是臭不要face噢！

我冷笑两声，说："在我这里搞事情的没有一个有好下场哟——黑毛鸡，像你这种小贱人我见得多了去了，你不就是嫉妒我的美貌吗？哎哟哟，瞧你这话说的，人丑嫉妒心强也不能怪你，我真是同情你这种傻子的三观！知道自己是蛆就把世界看成粪池，哎，没救了。"

我十分惊讶自己竟能一口气说出这么多让她气死的话来，而且还理直气壮。我好厉害，崇拜自己ing，自恋新境界耶！

她气得说不出话来："你——你——再说一遍我丑，别以为就你美，我也不比你逊色！"

我暗自发笑，双手环胸，说："长得真有创意，活得真有勇气。"

她脸色铁青，哼了一声就消失了。

这时，体育课也结束了，我看见"多年"不见的同学，心里踏实许多。

关键词4：变身

回家的路上，脑海中不断浮现着当时的情形，以至于差点被车子撞死。好险好险！我福大命大，吓死本宝宝了！又是那只黑毛鸡！她缓缓靠近，说："师父说，你把之前的事都忘记了，只有恢复真身才能拼接回忆碎片。"

"呵呵！"我尴尬地笑了两声，"别挡道！"说完便想绕过她，可脚像是生了根似的，根本不听使唤，可恶！

我心中的怒火燃烧着，越来越旺，过了不久，终于爆发了：“你有完没完！你信不信我一巴掌把你拍死在这儿？”

突然，我的身体散发出了浅蓝色的光芒。瀑布般冰紫色的灵幔长发垂了下来，身着一件浅蓝色的长裙，一块祈愿圣魂石吊坠佩戴在腰间。（突然感觉自己萌萌哒！）我想起来了，我想起来了所有的一切的一切，是她，这个叛徒势利狂，夺走了我拥有的一切……

关键词5：回忆

12年前，缘梦岛遭受了来自暗夜绝望帝君有史以来最严重的创伤灾难！爸爸和妈妈为了保护我，只好把我——缘梦祈愿星球最后的血脉，寄存在这个叫幂幂的人类小女孩的躯体中，然后与暗夜绝望帝君同归于尽了。这些落魄的往事，都不堪一提。

关键词6：复仇，希望的曙光

他们夺走我的幸福，我要复仇！

“终于想起来了，我冰淇淋都吃了三个了。”她傲慢地说。（嘿呦，你有什么资格嘚瑟啊！）

“找死！”我云淡风轻地说，一挥衣袖，随着一声尖叫，千影便化为一团浓雾灰飞烟灭了。（哈哈！）

我一闭眼，来到了绝望的故乡，（这里的空气可真污浊，像我这么尊贵的身子不宜在这里久留。早点屠他满门早点回家睡觉，啊！困死本上神了！）不一会儿，那里变成了血海，遍地横尸，我的身上没有一点污渍血迹，我满意地笑了。

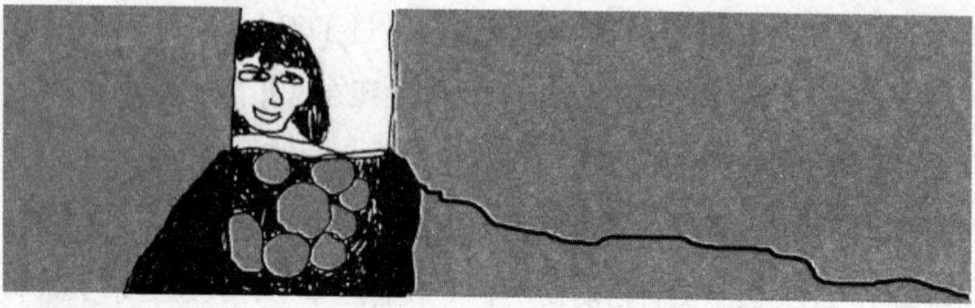

关键词7：复苏的岛屿，幸福

我来到了我的故土——缘梦岛，在这片亲切的岛屿之上，流露出了一股神秘的气息，我高高地举起了缘梦岛的神物——祈愿圣魂石。顿时，黑黑的天空明亮起来，大地不那么干裂了，万物复苏，百花齐放，（心里幸福感爆棚）这也许是我（就是幂幂/蜜儿了啦！）此生第一次体验的幸福味道……

叶开老师评：

从头到尾读完幂小狐的这篇作品，我居然觉得很好，很能接受。虽然，复仇的过程写得有点简单了，"不一会儿，那里变成了血海"，这样是概述式细节，不够好，"此处应该有细节"。写一两个细节，例如她怎么作法，或者怎么一挥手掌之类的。总之，你们擅长写这些。好吧，不管是三生三世粉还是杨幂粉，只要写得好玩，写得脑洞大开，写得精彩合理，哪怕玛丽苏、汤姆苏都可以。你写了缘梦岛星球的唯一血脉的这位少女女神被激活，元神复苏，然后消灭了敌人，回复故园的故事，自然是很玄幻的，我觉得附身于“幂幂”这个女生身上，无甚不好，尤其是，还是在上课的间隙发生的故事。这个作品前面开头部分写得更生动——甚至还有车祸！变身之后，还可以写得更细致一点，包括杀灭敌人和重建家园，多些生动细节，会更有力量。

18 机器人世界

秋风天湖（陈思亦） 三年级

关键词1：表情包

自从人类世界毁灭之后，机器人世界就变得越来越发达了。比如说我，是一个不完全经典型的机器人，大家说我是个“表情包”。说真的，我的表情包全都是设计出来的，只要我脑子里一想到要做什么表情，就会立即搜索到附近的表情包青蛙，把它所有的表情转移到我的脸上，然后我的表情就变得丰富多彩了。等一等，表情包青蛙的脑子里是永远不会出现坏念头的，所以机器人世界是多么的和平啊！

关键词2：变幻

在机器人世界里，女性机器人可以随意变成独角兽。当然，男性机器人也可以随意变成角兔。但是，很多女性机器人都很可怜。怎么说呢，因为有些机器人搞恶作剧，故意在独角兽的角上绑上很多魔法蝴蝶结，那些可怜的女性机器人就再也变不回来了。

我们两性随意变换后，如果不念“避水诀”下水的话，身体会全部瘫痪，不仅无法变回原来的样子，还可能休克而死。尽管我们有备用的器官，但在那个时候也不能使用了。在机器人世界里，机器人父母都会看管好自己的孩子，不让他们随意变换。如果小宝宝们一不小心落水了，他们的宝贝儿就得对机器人世界说拜拜了。

关键词3：复活

在机器人死后，他们会去往一个离机器人世界很遥远的大虫洞。在那里，有为他们准备的家，还有一份《特约告知书》和一瓶紫黑色的果汁。

《特约告知书》上面写着：我们将会每天为您送来一瓶同样的果汁，您必须每天早晨把它喝下，就这样坚持两年，您就可以从这个虫洞里重新回到机器人世界。但是，在夜幕降临时，您必须确保自己要在一个黑暗无光的房间里睡觉，并且，不能让家人有灯光照射你，否则后果自负。（我也曾经历过，什么样的后果，我才不告诉你。）

关键词4：穿衣打扮

我们穿的衣服都是由我们的情绪而决定的。如果我的心情很好，我的着装就会自然地变得很可爱；要是我的心情不好的话，我的着装就会变成一个乱糟糟的人来疯；如果我心情不好也不坏，那我的着装就会使我变成一个不可爱也不丑陋的小村姑。所以，我每天都开开心心的，这样，我的着装也会变得很好看。（再说，我老妈也想我天天开开心心的，我能有理由不开心吗？！）

关键词5：害怕美人鱼

说来话长，我本来是很喜欢美人鱼的（几乎所有机器人都这么想）。可是，一旦我们机器人换了新总统，他就会对生物和动物有不同的看法。就像现在那个总统一样，他对美人鱼的看法，跟我们以前完全不一样，并且还指名道姓地告诉我们，其实美人鱼长着一张圆圆的大脸，往前凸得厉害，皮肤灰色的，还皱皱的，并没有我们想象的那么美。而且美人鱼专吃水手，这让我们非常讨厌他们，因为水手是我们机器人最向往的神灵。美人鱼会用歌声把水手吸引到水里，并杀死他们。其实我并不觉得世界上真的有美人鱼，也许他们只是海牛罢了。

关键词6：可爱的混种动物

你们知道吗？我还是一个动物培育师，很多杂交动物都是我培育出来的。像猫/鼠，狼/山羊，鸽/兔，绵羊/猪……当然，很多优雅的巴黎机器人女士，非常喜欢这种鸽/兔，它们浑身长满了兔毛，却是一只可爱的雏鸽，身体与腿也是兔子的模样，耳朵还尖尖的长长的呢。鸽/兔能像兔子一样快速跳跃，还能像鸽子一样迅速飞行，是机器人们理想的宠物。然而，绵羊/猪的绒毛，会彻底颠覆纺织世界。你们说说我有多厉害！

关键词7：我们的出生

现在，我就来说说我们机器人的出生吧。我们机器人几乎都是卵生，很多都是海洋贝壳里的珍珠一样的卵，但也有少部分是龙的胚胎状的，像小灯笼一样晶莹剔透，还能看见里面蠕动的生命。当我出生的时候，差点就要把老爸老妈吓晕过去。因为，我是从海洋贝壳里蹦出来的，不是一个卵生子。最奇怪的是，我一出生眼睛就是一只蓝，一只黄，非常灵异，但最痛苦的是靠近蓝色眼睛那边的一只耳朵，是听不见世界上任何声音的。我很懊恼，经过无数次的更换器官，我的耳朵终于听得见声音了。真是可喜可贺呀！

叶开老师评：

秋风天湖这个笔名超棒，才知道你是陈思亦呢，哈哈！你想象中的未来世界或者幻想世界的"机器人"，是一个非常特异的生命种群，跟我之前对所有机器人的理解都不同。这就是你们小孩子的天生厉害之处了。尤其是，机器人的出生，"我"是从贝壳里蹦出来的！这个太有意思了。你以自己的想象创造了一个奇妙的世界，而且仅仅用了七个关键词，就写得这么栩栩如生了，简直太美妙。"卵生"的这个设定让我非常意外，还以为机器人都是"制造"的呢——可见大人如我，思维都已经固定化了。"害怕美人鱼"这个想法也超有意思，哈哈！难道不是吗？机器人也会淹死，也会死亡。这个想法多好。但是，他们在黑暗无光的房间里睡觉，坚持喝果汁，就会通过虫洞复活。这个想法超级美妙，是对你创造的机器人生命的一种最美妙的思考。你的机器人世界里有很多复杂的设定，包括"我"差不多是一个"表情包"，非常开心快乐，跟你自己本人性格有点像哈哈。"我"还是动物杂交师，创造出各种各样跨种属的杂交动物，这些鸽/兔什么的，都超级好玩。祝贺你创造了一个自己的世界。这个世界我觉得非常精彩，还可以继续写下去。

19 大脑旅行记

狂暴伐木工（杨承影）　六年级

大家好，首先感谢大家选择了本旅行社，今天我们将参观这篇文章作者的大脑。首先请大家注意，展品请不要乱动，造成记忆遗失等伤害性问题，后果自负。游览地区禁烟全覆盖，任何位置发现有吸烟情况，将被逐出游览区。

好！现在我们出发了！

关键词1：艺术

首先，我们来到了艺术厅。这里基本上每天都有舞蹈表演。这不是一般的舞蹈，而是在钢琴键上跳舞，因此舞蹈不需要音乐伴奏就既有优美的舞蹈，又有流畅的乐章了。

这里是我们的员工榜，虽然只有十个人，但依然训练有素，可以迅速服从指挥。十个人就只需要一个导演，导演也是绝佳的，只用十个人就可以编出美妙的舞蹈。今晚就有表演，您是不是也有“昼短苦夜长，何不秉烛游？”的感觉，那就赶紧前来观看票价低廉、观看位置绝佳的表演吧。只需5作者币（合10元人民币），值得一试哦！

关键词2：娱乐

这里就是我们的娱乐区，具有先进的VR（虚拟现实设备）和AR（增强现实设备），无论是看电影还是玩游戏，戴上一个VR就让您有身临其境的感觉，作者知道的电影都可以自由选择放映。租金分为两部分：一个是场地费，一个是设备的租金。如果您有带自己的设备，那就只用交付场地费。

关于游戏，作者玩过或知道的游戏都提供游戏卡（游戏卡在娱乐区使用不需租金，带出时则直接交付，买下这个游戏卡。）VR和场地费同上。如果您有带自己的游戏卡，您可以随意在型号合适的情况下使用，并只收取VR费和场地费。游戏首推皇室战争，这是一款战略性的游戏，和现实生活的感觉不同。您可以变为国王来指挥您的军队，戴上VR就仿佛身处硝烟弥漫的竞技场中。绝对值得尝试！

关键词3：健身

这里是我们的健身房，这里有各类健身设施：跑步机，椭圆机，单车等器械。不收取任何费用，并且随时可以使用。同时还有保龄球馆、乒乓球馆、羽毛球馆、游泳馆等运动场馆。其中游泳馆季节性开放。由于场馆维护费用较高，所以将收取费用。（详情请咨询服务人员，他们会很乐意为您服务。）还有足球场和篮球场。两者按时间收费，提供球的租借，金额根据球的质量而定。不过建议自己带球，因为球的数量有限。还有8条环绕整个园区的400米跑道，不收费。

场馆开放时间由作者的睡眠而定，请留意关注，器械类则24小时开放。现场免费提供矿泉水（为了环保，请自带杯子。现场只能购买可以多次利用的水杯，价格较高）、毛巾、电子体温表等（详情请咨询服务台）。提供冲淋，热水付费。（冷水不冷，25° C）浴室用品请自备，租借付费。小吃吧提供饮料和小食，可供购买。

关键词4：自由

这里是自由区，当然是自由的。这里的自由相当于孔子所说的“七十而从心所欲，不逾矩”。所以在不违背作者所服从的法律以及自己明白的道理还有自己给自己立的规矩的前提下，你是自由的。在这里，你可以按照自己的想法来默写，而并不是死板地按照课文来默写，这样的感觉怎么样？老师让你拼写“metre”（英式拼写），而你可以写“meter”（美式拼写）。你可以突破一切，推翻一切公理，重新建立一套自己的公理。你甚至可以推翻万有引力。但是一切你所创造的只在自由区适用，离开则一切还是会回归现实社会的道理。不过在这里，尽情发挥吧。如果有一天你烦透了现实生活的条条框框，那就来这里忘掉一切吧，创建你自己的思维，并

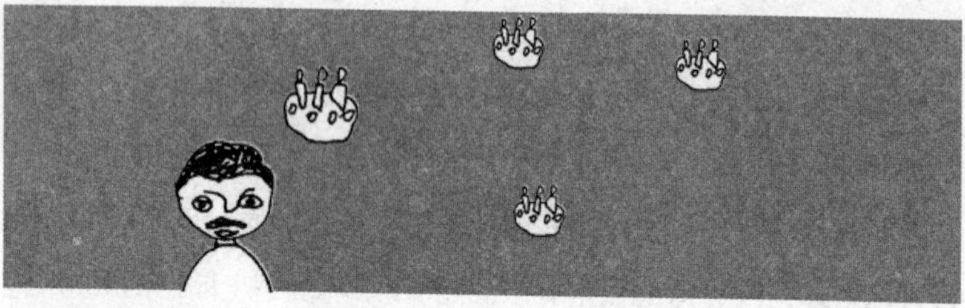

且体会它。在这里，任何理想的情况都可以变为真的。您创造的任何东西都可以免费保存在我们的云端2年，长期保存付费。场地有100个小房间，每一个中有一个电脑供你创造。租金20作者币，欢迎前来创造。

关键词5：创新

创新区与自由区略有相似之处，都是创造。但不同点是自由区是疯狂地随意创造，而且大多是创造思维方式和公理。创新区则更侧重于在现实生活的科学条件下，进行头脑风暴，创造一些现实生活创造不出来的物品。这也是发挥想象的空间，因为这里没有太多的限制，比自由区就多了科学的道理。先在电脑上虚拟制作，之后可以租用VR眼镜来体验您创造出来的物品。能在电脑上虚拟制作，却不能做出实物。因为现实社会的科技不够发达，但由于创造出来的东西都是有条有理地依据科学做出的。也许以后发明了出来还可以申请专利。这样就非常好了。所以尽情发挥吧！收费标准和自由区一样，如需租用VR则需要交付租金。大家的任何作品都会得到尊重和保护，并且保护得十分严密。因为大家的好作品可能激发作者的灵感呢！

关键词6：生活

现在我们到了即将下榻的酒店，由于夜间传送回现实生活有30%的概率会迷路，为了大家的安全，我们将住一晚，第二天返回。这个酒店为五星级酒店，由于作者的大脑不会太大，所以这也是这里唯一的正规酒店。为了避免房卡的丢失和服务人员的随意进入，客房防盗门使用指纹和面部识别的双重保险。只有住客在房间里设定了允许服务人员进入，服务人员才可以进入。因此，您在办理入住手续时会花费的时间比较长，请安排好时间，耐心等待。酒店向您承诺照片和指纹在退房后会立即删除，并在入住期间不用于任何其他用途。

房间大约40平方米，提供保险箱（也使用指纹）、衣柜、浴室用品、24小时热水、茶杯、电熨斗等。详情可以咨询前台，电话拨0即可。前台提供叫早服务。房内物品如有任何问题可以让工作人员来处理。物品损坏请照价赔偿，祝您入住愉快！

关键词7：吃喝

剩下的时间大家可以自由支配，差不多该用晚餐了，推荐大家去酒店附近的美食街去逛逛。那里的店都开得很晚，作者知道的美食都提供，最推荐您的是烤香肠，外脆里嫩，可口无比！饮料也一样。这里还有开放性厨房，您自带的原料或者买好了美食可以按照自己的想法加工。里面的调味料样样具备，可以去试试哦！看看您能不能做出史诗般的美味呢？美食街中的餐具可以随意移动，带出则视为已购买。祝您用餐愉快！还有就是第二天的早餐可以去美食街，也可以去酒店的自助餐厅，供应的是作者所知道的一切美食。凭指纹免费进入！并且我们参观过的景点都可以去体验！

过了一夜……

大家早上好，我们所有可参观的场所都已参观完毕，酒店的商店销售纪念品，有兴趣的游客可以选择购买。本旅行社十分清白，不强求大家买东西来赚佣金，购买这件事纯属自愿。大家有一个小时的时间来购物以及退房。之后将集合、清点人数后返回。

一个小时后……

感谢大家的积极配合，现在已经踏上归途，请坐稳扶好。

1秒间，回到了现实社会……

我们已经到了目的地，请检查个人物品后下车，谢谢！

叶开老师评：

你的笔名实在太厉害了，叫作"狂暴伐木工"，超级有创意。伐木工这个工作我可是很熟悉的，小时候我还伐过木呢，但还称不上是伐木工，更不敢狂暴。我所知道的伐木工都是很严肃的，还有些小心谨慎，表情严肃。哈哈。不过，现在伐木工没那么流行了。我在初中时，我们班开始种树。那是三十年前了，我们种的行道树已经老得被砍伐了又种上新树了。被你的美妙笔名带跑了，抱歉！言归正传！

你的这个"头脑旅行记"太有创意了，是我读到的最为独特的小说想象之一，是不是也稍稍从动画片《头脑特工队》那里得到一点灵感呢？然而，你的设定有自己独特的创造，尤其是"健身"这个条目，说明里说"由作者的睡眠决定"，实在太有意思了，为师忍俊不禁，嘿嘿了几声。又"创新"这个条目，有非常棒的英文拼写的例子，一看就明白什么意思了。很多事情，换一个角度看，会发现其实不同的写法，都是有自己的合理性。"生活"这个条目说，"因为作者头脑不太大，所以只有一座五星级酒店"，而且"夜晚返回有30%的概率会迷路"。你为自己的作品作了很好的限定，这样的界定，是文学作品产生魅力的秘密之一。超棒！你这个去"作者"的大脑里旅游的创造性想法，让"7个词描写自己"变得非常有趣，而且写得栩栩如生。话说你对"导游"的解说，写得那么像模像样，对酒店的介绍也煞有介事。你一定去参加过很多的国内和国外旅游吧，哈哈，太生动了。

20 真 我

雪穗·茗萱（朱硕） 六年级

关键词1：碳&铁

这是太空族世界。

或许，我们也可以把它称为索拉利，一个巨大的星球上却只有两万人,人均寿命长达三四个世纪，干净到没有一颗细菌与灰尘的星球。我居住在这里，身边有几万个机器人供我使用。它们无一不受机器人三大法则限制，每天在我广阔的属地上为我工作。而我，每天接受机器人的服务，每天都这样。人类的基本元素是碳，机器人则是铁。人和机器人，就是碳&铁。这真是个安宁又无聊的地方。

早晨，我脑子里的睡意仿佛被统统吸走似的，我醒了过来。我知道，肯定是我的机器人管家准时在我的空调里放了抗睡剂，在十秒钟后，它会叫我起床。我在心里默数着，当“九”还没数完，它的声音就以和昨天，或是从前的每一天都一样的语气、一样的语句叫我起床：“金雪小姐，您该起来梳妆了。”

“知道了，泰尼！”莫名其妙地，我心里有点恼怒，后来又被压制住了，“罢了，我又不是机器人，怎么可能把秒数数得那么准！”

“小姐，您需要帮助吗？”

又是那平板的声音！但我知道，如果换成人类，应该会用那种关心的语气问我，可这仍不失泰尼对我的忠诚。我举起手，动了动手指，泰尼立刻将我昨天选好、又经过机器人反复打理的一套衣服送了过来。不同的手指动作代表不同的动作指令，索拉利的人们几乎每家都有一套完整的动作指令，而且将机器人没有完成这些指令看作一种耻辱，原因是所谓的机器人没有看懂主人的动作。实际上，问题大部分还是出在人类身上，但人类为了保留“自尊”，往往将错误怪罪在那些倒霉的机器人身上。我又做了个动作，召来了我的梳妆机器人。反正机器人那么多，甚至有好多我都没见过。因此，我只好把分工做得细一些，也是给这平淡无奇的生活添一些事情可做。一切都是机器人与人、人与机器人、碳与铁、铁与碳！

“可怜的机器人！”

关键词2：永远的室内

在我的机器人提供的资料里，在地球，宅是一件很不正常的事情。大城，或者钢穴里每天那么多人来来往往，匆匆忙忙的，怎还有时间在家里闲着没事做？可索拉利星球就是这样，人少，属地大，连去一趟邻居家都得坐几个小时的气翼车或者地面车。当然，这只是个比喻。我们这一生，基本上从不跟人接触，都是通过显像来看到对方。因此，除了偶尔在室外散散步，我还能做什么呢？只有宅在家。我是个不折不扣的大宅女，最喜欢去的地方就是家，最喜欢做的事情就是能在家里做的事情。我喜欢做香烛、自己做点心之类的东西来打发时间。我有几个世纪可活，地球上的人类所说的浪费时间，在我身上，似乎没有什么实际的意义。这里的生活，真的很没意思。

关键词3：时空技师

“小姐，该起床了。”

“现在离起床时间还有两个小时，泰尼。”

“小姐，有个外来宾客想在一个小时后见你。”

“早餐之前我不见人。”我懒洋洋地说。

“我和来的那位先生说过了，他说那是要事，一分一秒都不能耽误。”

我伸了个懒腰，舒展一下身体，举起手做了个手势。不一会儿，梳妆机器人、管家机器人、厨师机器人一一来到我的身边。

“小姐，请问早晨的餐点吃什么？”

“同一个月前的这一天早晨吃一样的东西。”我根本不记得那是什么餐点，只不过随便找个理由打发走机器人而已，但对它们来说寻找那庞大记忆库中的一个月中一天的早晨，只是如海中滴水、漠中一沙而已。梳妆机器人很快把我打扮妥当，不过我一直在想那是什么事，竟然如此紧急，打乱了缓慢的生活节奏，真是有些不适应。

“小姐，是否建立显像连接？”我微微点了点头。机器人将这一切看在眼里。

“您好。”

“您好。今天真是个好天气。”我敷衍道。

对方皱了皱眉头，看看窗外，又朝着我说道：“看来您是喜欢乌云密布的天气？”

我急忙转过头去，才看到外面正狂风大作，一副萧瑟的景象。我决定向对方道歉：“对不起，刚才的状态很不好。接下来我会认真对待这次‘愉快’的会面。我的全名叫金雪·泰，您可以叫我金雪。”

“太好了。同样，您可以称呼我斯凯。此次要求见您的原因，有两个。”

“或许我们可以边吃饭边谈——”

“不，恕我冒犯。金雪小姐，这件事情在饭桌上可是万万谈不得的。我刚才所说的两个原因，一个是关于我的职业；一个，则是关于金雪小姐您本身。”

“我本身？”我轻笑出声，“我本身自出生起就没真正实质意义上的冒犯过一个人、一件事，怎会与我有关？”

“先从我的职业讲起吧。我的职业与旁人没有一点相同之处，甚至几个星球才只有一个。”

“那是什么？”

“时空技师。”

关键词4：我自身

“时空技师是做什么的？那与我自身之间有什么关联？”

“时空技师，顾名思义，就是可以准确无误地操控任意一段时空，不受时间和空间的限制，可以自由地行动。至于你刚才提起的跟您自身有关的事情，那是因为经我和我的同事——”

“同事？”我疑惑地再次打断斯凯道。

“共同共事某一件工作的人。我忘了您这里的人几乎都与世隔绝到了几乎没有‘同事’这一说了。不过让我们回到正题——这件事与您自身有什么关系。经我和我的同事去未来调查，真正的你，应该在一个世纪之后降临到这个世界上。所以说，现在坐在我眼前，或者说显像对面的那个你，是被人经过替换的一颗棋子，你本不该出现在这个世界上，金雪。利用你的那个人犯了一个错误，你，金雪，在他的计划当中，应该是一个寿命最多在一个百年多一点的地球人。结果他没想到你是一个太空族孩子，原因不明地落在了地球。在地球上生存一个月后，你被那个人带到了索拉利，接受这里的教育。那人技术之高明，达到了连机器人和人类都没有发现异常的水平。总之，你现在活到了——我是否可以冒昧地请教一下您的年龄？”

“九十三岁。”我的大脑几乎不受控制地让我的嘴说出了这个答案。

“很好，大多数地球人在这个年龄也应该撒手人寰了。就是离开人世，生命不再存在的意思。可是你，仍然和地球上十八岁的花季少女一个样子，顶多是二十多岁的样子，这就使那个想要利用你的人感到很疑惑，当然，这是在他知晓你生活的情况下的反应。”

“可是这一切又是为了什么呢？”

“当然不是好事。他，我们暂且称他为X吧，想要用你煽动起一场混乱。想想看，一个从小生长在索拉利的索拉利人，竟然没有活过一个世纪就离开了人世间。机器人打点好了一切，人们请来的警官却又无从下手，因为没有任何证据说明你的‘离开’是外来因素造成的结果。这样的话，他们只能承认：金雪·泰是自然死亡。就算你现在正常活过了你应该存在的时间，你认为，X会善罢甘休吗？他会让你死无葬身之地！”

“嘿！”

“好吧，我言重了。我一直很努力地避免——”

“别说出来！”我尖叫道。

“那个字的意思。”斯凯很夸张地点了点头后接着说，“索拉利乃至全球的超波新闻传递速度你也是知道的。人们开始疑神疑鬼，不相信自己、不相信身边的人们、不相信自己身边的一切甚至不相信自己所处的星球！这时，请你试想，整个太空好不容易维持的剑拔弩张的稳定会在瞬间土崩瓦解，整个太空会乱成什么样子？”

“哦，太空啊！”

我的大脑陷入了混乱中，这是怎么回事？我是谁？

关键词5：解决之道

“那么，你是否愿意离开索拉利？”斯凯问我。

“为什么？”我的大脑现在还处在混乱、不知所措的状态。我立刻意识到刚才我说了些什么，说道：“抱歉，请给我五分钟整理一下思绪。”

接下来的五分钟，我一直沉浸在一种浑浑噩噩的感觉中。什么也想不到，什么也做不了，也不想做。

“金雪小姐，你想好了吗？你现在只有一个选择，就是离开索拉利。你没有别的选择。”

“去哪里？”

“显而易见，地球！”

“为什么偏偏是那里？我为什么要相信你？我凭什么要相信你？你是从地球来的吗？”

“因为那里，本是令人最不敢相信的地方，对于你是最安全的。至于相不相信我这个答案与我这个人，就是你的想法，跟我无关了。最后，我是从地球来的，有幸加入了永恒时空，成为永恒之人。请问，回答完你的问题，你是否愿意离开索拉利呢？”

“如果我答应离开索拉利，解决方法又是什么呢？”

“如果你愿意离开，那么你已经解决了这个问题。你走了，问题也就没了。一个索拉利人离开了这个星球，超波新闻不会大肆传播，他们甚至会不理不睬，因为这不是什么大新闻，连新闻都算不上，就是很平常的一件事情。”

“那如果到了地球呢？人们不会奇怪吗？”

“金雪，地球很大。”

“我必须带上泰尼。”

“没问题。”

关键词6：真我

我真的不适应面对面接触。但不适应不代表就可以不用这么做。幸好，泰尼给我提前准备了鼻孔滤器以及透明手套，斯凯也尽量配合我，需要通话时全部使用三维显像。这种技术现在做得非常高明，对我来说没有什么不同。我从来没有乘坐过太空船。

这次的旅行令我很惊讶。满世界的繁星飞快掠过我的眼前，我们在一个个瞬间里进行着一次次跃迁。紧接着我看见了一个生机勃勃的蓝色星球，被白色和蓝色的纱衣淡淡裹着，与索拉利的一片死气沉沉的灰色起了强烈对比。

“金雪。”三维显像亮起。

“斯凯！”我被惊了一跳，又叫道，“泰尼，怎么回事，为什么不提前通知我？”

“很抱歉，小姐。我必须服从斯凯先生的命令。”

“可我有优先权！”

“如果不为斯凯先生建立显像连接，就是伤害了斯凯先生，根据第一法则，我不能这么做。很抱歉，小姐，面对第一法则，第二法则没有优先权。”

“你走吧。”

“斯凯，你找我什么事？”

“没什么急事。只是想对你说，五分钟后着陆。”

“谢谢。”

我到地球了。

“金雪，我为你选择了一个时空。在这里你会很舒适地生活。在你需要离开的时候，我会来带你去另外一个时空，你会很自由的。”

斯凯没有骗我。这真是一个很适合我生活的地方。在这里，我的生活发生了巨大的改变。我不再无所事事地在家里，而是到户外散步。这里的植物，是索拉利的前几代，比索拉利那种被改变的植物不知好了多少。我甚至感觉自己变成了地球人。

这，才是真正的我。

简称：真我。

叶开老师评：

赞叹！赞叹！出于《银河帝国》又没有为之所羁绊，而是思维敏捷，自由自在地写你的金雪，用了六个关键词，就波澜壮阔了。她是一个地球人，却被人带到了索拉利星球，在那个只有两万人的庞大的空旷星球里无聊地长大，身旁有数十的机器人伺候。然而，金雪的身上有一个大秘密，只有突然出现的斯凯才能揭露。你的这个伏笔相当好。那个索拉利的阴谋家X，你没有明写，或许再多写几笔会更好，为何他要设计这样的一个阴谋？例如，他是不是想在挑起索拉利的混乱之后，在索拉利星球谋求独裁者的地位？这个可以往深里想一想。

你已经到达很高的水平了，我给你提这样的小修改的意见，以便精益求精。

你不愧为同学们中的阿西莫夫专家，比我真的是熟悉多了。我虽然也都通读过，但是你知道成年人的脑袋瓜子不太好使了，起码记忆力是不行了。哎呀呀，痛苦。

在金雪小姐九十多岁的无聊的少女时期，懒洋洋地起床，神思恍惚时，突然来了一个时空技师斯凯，要求视频见面，并开始向金雪揭示了事情的真相。这里，时空技师斯凯的设定很有创意，但是为何为成为一个时空技师？他是怎么发现问题的？他为何要发现问题？他这个"时空技师"所从事的职业是什么？你可以考虑写一下。时空技师斯凯显然是为了维护世界和平，他和其他时空技师同事发现了问题，而且很严重，于是带走了金雪，让她来到了地球，并给她分配生活在某个特定的地球时间里。这个，或许就是我们现在，现在的地球。我觉得，这个"逆推"写法超赞。金雪来了，就在我们中间，多好！

21 间谍花朵

苏小满（苏子欣） 三年级

关键词1：花朵

我是从一个未知黑洞的二次元世界中来的外星人间谍。在晚上，我们会变成花朵，变成花朵后，我们一组外星人会聚会。

关键词2：钢琴

我们是被外星人首领派来，监视人类一举一动。我们晚上住在钢琴里。人类用肉眼是看不见我们的，我们会隐身术，也会用消除咒来消除记忆。

关键词3：裙子

如果你在我们的星球上，你会看到所有的服装店都！只！有！一！模！一！样！的！裙！子！天天穿裙子，太！无！聊！了！正好碰上首领来我们学校挑选间谍。我被首领挑上了！全校总共有一千人，首领只挑选五个！哈哈哈！

关键词4：书

首领让我们把一本七十四亿字的外星文字书翻译成中文，我是速度最快的（仅用了1/4秒），也是正确率最高的学生！

关键词5：吃

我们的食量，整个黑洞的所有物品都知道！我们每秒都吃食物，为了节省时间，我们背在身上一个隐形书包，里面有自动烧菜的机器人，只要碰一下拉链（指纹），就会自动烧菜。

关键词6：泡泡

泡泡是我们的交通工具。人类平时吹的泡泡，那个被人们称为"反光"的地方，就是我们的影子！！

关键词7：酒

因为我们星球上没有水，我们想喝水要提早和间谍说，带回来一点水，再用我们星球上独有的花果，酿造出酒。

叶开老师评：

苏小满的黑洞二次元世界设定，对我都非常有启发。你的二次元世界的外星间谍长得像花朵，晚上花朵聚会就是间谍聚会，而且还躲在钢琴里，这太有意思了。我都很想去阳台看看那些花朵，是不是外星间谍在密谋。至于外星人的超级能力，我觉得“书”最厉害，竟然四分之一秒就翻译了七十四亿字。这么快，超大计算机的速度啊。你们是超级量子计算机吗？还有你们这些吃货太幸福！我觉得，你的外星人设定非常有意思，也很合理，是我很喜欢的作品。

22 BB星人

徐芷诺　四年级

我是BB星人，住在离地球几千亿光年以外的地方。在我们这里，虽然受不了一点儿阳光的照射，但可以通过核聚变来爆发出一个又一个小太阳。所以四季如春，BB星人、BB羊、BB牛在这里生活，宛如在天堂一般。

关键词1：吃货

在BB星里，每年的七月一日，会举行一场盛大而又隆重的“吃吃大赛”：每人告诉评委自己喜欢吃的食物，由一家工厂生产自动制作它的机器。参赛人在比赛前先吞下一粒计“食”器，选手只需要吃，吃得越多越好，中间不能暂停。我最喜欢的食物食鱼丸。每次比赛，我永远都是冠军，这毫无悬念。

关键词2：贪睡

我除了吃以外的另一大喜好就是睡。每个“睡假”，我总是像地球上冬眠的熊一样，一头倒在柔软的床上，盖着似乎没有重量的BB纳织成的被子，没过几秒钟，就能把呼噜打得惊天动地。在这期间，如果没人叫醒我，我就会毫无知觉地睡过无数个白天，黑夜……

关键词3：东方BB

我会一种乐器——古筝。我高兴时，与它分享快乐；我委屈时，向它述说烦恼；我疑惑时，与它一起讨论。我以琴为伴，以琴为友，如果有哪一天没碰过琴，我就觉得浑身不舒服。

我弹起琴来，情绪激动，如行于流水般。又像武侠小说里的“东方BB”，一次又一次向观众席发射毒咒：“剑穿心！”“天籁之音！”“地狱的诅咒！”……

关键词4：娃娃爱好者

我从小就是一个娃娃爱好者，特别喜欢动物娃娃。在我们BB星，除了我没有人会喜欢娃娃，所以，我被他们当另类看。但我并不动摇，仍然喜欢着这些可爱的小东西。每个月，我都会空出三天时间，通过飞船定位，飞向地球，在最大、最好的娃娃店里精心挑选着自己心仪的小娃娃们。

关键词5：书虫

我还是一个名副其实的小“书虫”。家里图书堆如山，只要一有时间，我就拿着书，“啃”起书来：一个字一个字地“嚼”、“消化”，再细细品尝品尝它的滋味。这真是一种享受。

关键词6：泡泡达人

我是一个吹泡泡的高手。每次吹出来的泡泡又大又圆，看上去十分饱满。我高兴了，吹出来的泡泡里面还藏着一个小泡泡；难过了，泡泡就没什么新鲜的花头。有一次同学Party上，我特别高兴，吹出来三重泡泡。有个同学看我吹得这么大，这么圆，笑了，转身拿起一个叉子。“啪”一下，第一层破了；“蹦”，第二层破了，“吧”第三层也破了。我的鼻子和下巴处，被泡泡结结实实地盖了三层口罩，动弹不得。

关键词7：扔播球

在播球大赛中，我多次蝉联冠军，并一次又一次打破了“小草记录”中的播球最远距离，原来是小天狼星被我打破了，因为我扔到了太阳！微子观察器最终还是没能救这个第一个飞越到太阳系上的播球，真是遗憾。

叶开老师评：

徐芷诺的BB星是超级有意思的创造。这个星距离地球有好几千亿光年那么远，简直太远了，只能在我的想象中存在。银河系据说只有十万光年的直径，你想想看，BB星一定也在银河系之外。银河系之外，到底是碳基生命还是硅基生命呢？或者是信息生命？这些都非常让科学家和科幻作家头痛，但是也可以脑洞大开。BB星人没想那么多，也是“吃货”，而且，竟然有“计食器”来准确计量你吞食鱼丸的多少。“贪睡”这件事情，是不是BB星人的特点呢？我们地球人也有这个毛病哦。你的“睡假”设定超棒，希望我们地球也放“睡假”一下子睡三十天，像冬眠的狗熊一样，那太有爱了。娃娃和泡泡，是BB星人的爱，也是地球孩子的爱，这个BB星人的设定，写的是与我们地球人相同的感受，这让你的思考特别有意思。

23 元 素

夏 农（何浥尘） 七年级

关键词1：时光穿梭

现在是2020年，人类的科技到达了巅峰时期，但是污染也越来越严重，甚至有一些将会使人类灭绝的奇怪现象出现了。我是一个心理学家，我的工作就是研究人类的心理，但随着科技的发展，令我惊奇的事情发生了，人类的情感慢慢变得不再丰富，变得单调，而我似乎是特殊的。

这一天，我像往常一样在家中翻阅书籍，想找到解决当下这种可怕问题的方法。突然，面前出现了一面镜子，镜子中出现了一道道旋涡，似乎在召唤我进入。

“孩子，进去吧，你是特殊的，只有你能解救人类！”一个苍老的声音从镜子中传出来，那声音似乎很遥远，又似乎就近在耳边。

“我不行，我做不到的！”我想抗拒，却被镜子吸了进去。耳边又隐隐约约传来了那个苍老的声音：“去吧孩子，我会尽全力帮助你，记住，一定要找到七种元素，把人类带离灭亡的深渊！”

关键词2：七种元素

一阵天旋地转后，我掉在了地板上，抬头一看，我正处在一个大厅里，每一个地方都是白色的，大厅里的人都盯着我看，脸上没有任何表情。我就尴尬地朝他们笑了笑，站起身来。他们仍然一直盯着我看，过了大约十秒后，面无表情地离开。

我忍不住打了个寒战：“天啊，他们还是人类吗？是机器人吧！”

“不，他们是人类！”那苍老的声音又响了起来，我立刻回头，发现一个老爷爷拄着拐杖朝我走了过来，他穿着古代的服饰，又像是一个占卜师。

“哇，老爷爷，您是人类吗？”我惊叫起来。

“我是巫族大长老，我预算到在几百年之后，人类的情感将会消失，人类将要走向灭亡，所以我留下一缕魂魄，寻找可以拯救人类的人！”巫族长老叹了口气。

“长老，您刚刚说的七种元素是什么啊？”我问道。

“这七种元素就是亲情、友情、快乐、满足、谦虚、责任、悲伤。”长老回答。

“为什么有满足没有不满，有谦虚没有骄傲，而责任又是什么呢？”

“你可以看看他们！”长老用手指向了那些人，我一个一个打量着他们，有的人面对自己近乎完美的创作唉声叹气，有的人却不停地炫耀自己的创作，还有两个人正在悠闲地听着歌睡觉，完全不顾身边没完成的工作。

“那个人做得那么好为什么还不满足啊？那个人做得也不是很完美怎就那么骄傲啊？还有那两个人，怎么一点儿责任心都没有啊？”我激动起来。

“因为他们没有满足、谦虚和责任。”

“为什么这些元素会丢失呢？”

“其实这才是真实的任性，因为他们觉得是自己创造了这个完美的世界，而那些看似不重要的元素就被他们舍弃了，故你所要做的就是帮他们找回这些元素！”说完长老就消失了，我一个人还在原地愣了半天，决定踏上拯救人类之路。

关键词3：超能力

我低着头走在大街上，思考着该怎样找回七种元素，却突然听到了远处传来的喧闹声，我急忙快步走了上去，发现一群人正围着一位老奶奶。老奶奶在地上不停地哀号着，周围的人都面无表情地看着，却没有人去伸出援助之手。

我环视四周，突然耳边响起一个声音：“这人肯定是碰瓷的，不过在这里看看热闹也算不错！”

我立刻仔细地审视身边的人，除了老奶奶的求救声，没有任何人说话，我又盯住老奶奶，耳边立刻传来了另一个声音："怎么还没有人扶我啊！这还让我怎么讹钱啊！"

我大吃一惊，莫非是我有了超能力，传说中的读心术？为了证实我的想法，我又看向身边的一个小孩子："这个奶奶太丢人了，一看就是在碰瓷，太假了，谁会信啊！"

看到这一切之后，我在吃惊自己拥有了这项超能力的同时，也震惊现在的人类怎么会如此自私，连一个孩子都没有了他本来应该有的天真无邪，我暗自下定决心，我一定要找回七种元素。

关键词4：还有残存的亲情

走出人群几分钟后，我又回头看了一眼，人群已经分散了，刚刚那对母子从我身边走过。母亲在看手机，孩子在摆弄着手里的玩具，似乎他们待在一起只是因为有一层血缘关系。又有两个看似是朋友的人朝我走来，但两人也都各自看着手机，面无表情地从我身边经过，像彼此都是陌生人一样。而那个老奶奶也没了影。

我继续漫无目的地走在街上，对于七种元素的寻找毫无头绪。正当这时，我又听见一阵喧闹声，我立刻奔过去，发现一堆人正围着一个小男孩，一个人扯着嗓子叫道："哟，这不是那个怪胎嘛！"

她这一句话引来了一堆人对那个小男孩的指指点点，人们不停地辱骂他。我实在看不下去了，冲进人群："你们干吗欺负他？"

"要你管啊，别以为护着怪胎就是好人了，我看你也是一个怪胎吧！”

一个人说道，其他人立刻嘘声一片，我赶紧拉着小男孩走出了人群。

“他们为什么要说你是怪胎啊？”我问他。“我妈妈身体不好，有一次我想让她吃一点好的东西，就去商店偷了一块蛋糕，结果被发现了，然后那些居民问我为什么要偷，我就说是给妈妈吃，他们就嘲笑我说自己都顾不了还去帮助别人。”

听完他的话，我的心急速跳了起来，我觉着这个孩子就像这个冷漠世界里的一缕阳光，立刻拉着小男孩带我去他家，我有一种感觉——我一定可以在那里找到元素。

关键词5：亲情与友情

走了好久，总算来到了小男孩的家里，走进去后我惊呆了：在这么先进、这么富有的时代，竟然还有这么简陋的房子！

小男孩看着我惊愕的样子，不好意思地摸了摸头：“姐姐，我们家穷，你不要嫌弃，我带你去看我妈妈。”

我跟着他走进了一个房间，看见一位妇女坐在轮椅上正在缝补着衣裳，她看见小男孩脸上立刻露出了慈祥的笑容，但一看到我，嘴角的笑就消失了，露出害怕的神情。

“阿姨，您不要害怕，我是来寻找元素的，不知道您有没有线索？”我立刻走上去。

“你是来找回元素拯救人类的？”妇女脸上的表情变得兴奋。

我点了点头。

妇女慢慢地挪到床边，从床柜里抽出一个水晶球："这个是亲情元素，但是怎么让它回到人类身上，我也不知道。"

我接过水晶球，问道："您为什么会有亲情元素？"

"是巫族长老给我的，因为我还存有这种元素。友情在另一个人手里，而另外五种元素在另一个人手里，这些元素会互相吸引，希望你早日成功！"

突然，小男孩走到我面前，掏出一个水晶球说道："妈妈，我有一个和您一样的球球！"

妇女看了，脸上露出掩不住的开心，将水晶球递给我："这是友情，没想到竟然在孩子这里。"

我望向这对母子，使用读心术，因为这件事关乎人类的生死，必须要小心。然而，我只读到他们的祝福。我捧着两颗水晶球走出房子，却对剩下五种元素的位置一无所知。突然，水晶球浮在了半空中，朝一个方向飞去，我立刻紧紧跟在它们后面。

关键词6：集齐元素

水晶球在一栋别墅前停了下来，又重新回到了我的手中。这幢别墅长满了爬山虎，像是很久没有人居住了，有一种阴森森的感觉，我十分害怕，甚至想掉头离开。但一想到我的责任，又鼓起勇气走上前去敲了敲门。但没人来开门，我只好自个儿推门而入。一推开门我就惊呆了，里面的装饰都是金色的，就像宫殿一样，而且亮堂堂的，和外表一点儿都不相称。我走上楼梯，打开一个房间，赫然发现里面站着一个人，那个人正在画板上画画，看起来应该是一位画家。他很明显地感觉到有人来，顿了一下却又仍然继续作画，我站在边上一直没有说话。过了半个小时，那个人终于转了过来，没想到是一位老爷爷。

“长老没有选错人！”老爷爷笑眯眯地说。

“爷爷，我是来集齐剩下的五种元素的。”

老爷爷听后从画板后面拿出一个水晶球递给我：“剩下的五个元素都在这里了，你一定要好好保管啊！”

就在这时，巫族长老突然出现了：“离成功只差最后一步了，跟我来！”

我对老爷爷鞠了一躬，跟着巫族长老离开了。

关键词7：成败在此一举

我跟着巫族长老来到一个实验室，长老突然拉住我：“里面有侍卫，你要小心，我去对付他们，成败在此一举！”

我点了点头，看着长老进入实验室，心里忐忑不安。过了差不多一刻钟，长老从里面出来了，招手示意我进去。走进实验室后，巫族长老带我来到了实验台前，台上有三个凹槽，我正想把水晶球放进去时，突然被猛地推了出去。等我站起来时，台上已经站了一个独眼的老人。

“巫王？”长老惊讶地叫道。

“长老，你怎么能够破坏我的计划呢？”台上的老人说话了。

“巫王，你这是什么意思？难不成……”

“没错！”巫王从袖子里掏出一个罐子，里面漂浮着白色毛茸茸的球，“这个罐子里的球就是我从人类身上聚集来的，等它达到一定数量后，我就会吞噬他们，我的这一缕魂魄就可以回到我的身体，使我获得永生！”

“巫王，你不能这样！”

“你别想阻止我！”说罢两人就打了起来。

我想偷偷溜过去将水晶球放下，却每次都被发现了。渐渐地，巫族长老快要招架不住了，我急得团团转，却毫无办法。突然，我想起了我的超能力，我立刻使用读心术探测巫王内心深处最不愿面对、最害怕的事情。我发现巫王曾因为贪恋权位，为了当上巫王而失手杀死了他的弟弟。就在我探测完以后，巫族长老也正好招架不住，摔在地上。

巫王得意地笑了起来。我立刻冲上前去：“巫王，你还记得你的弟弟吗？”

“我没有弟弟！”巫王脸上满是掩不住的惊慌。

“你真的没有吗？就是你亲手杀死了你的弟弟！”

“不，不是，不是我杀的，我不是故意的，不是，不是我……”巫王紧紧地抱住脑袋哀号起来。我趁着这个机会，赶紧跑上试验台，想放下水晶球，却被摇摇晃晃的巫王撞了出去。这时，一个黑影闪过，扑倒了巫王，我赶紧放下水晶球。巫王的罐子浮到空中，碎了，白色的球分解成了各种各样的球，飞出实验室，我正高兴时，突然听到了巫王愤怒的声音，“你这个小孩，坏了我的事，我要杀了你！”

我转过头去，发现正是那个给我水晶球的小男孩。我想去救他，却靠近不了，眼看着小孩子就要被掐死了，巫族长老扑向了巫王，把小男孩扔给我，我用法术把我们推了出去，实验室“轰”的一声爆炸了。

望着爆炸后的实验室，我忍不住深深鞠了一躬，一步三回头地离开了。

“姐姐，妈妈说你是来救我们的，所以我就想跟着你，帮你忙！”

我摸摸他的头，小男孩放心地回了家。

我来到一开始穿越过来的大厅，望着拥有了七种元素的人类，走进了那面镜子，回到了2020年，而人类的问题也彻底解决，未来的路充满着美好……

叶开老师评：

何浥尘的《元素》运用了一个结构非常清晰的"挽救人类"情节线，而贯穿了寻找七种元素的历程，故事线很清晰。并且，通过联合巫族长老一起与巫王对决的方式，重新找回了各个元素聚合的力量，挽救了人类。而让人类依据这七种元素，而继续走在正确的路上。你的作品路径非常清晰，其中对人类的思考，是很符合主流态度的。我们碳基生命的核心，这些可能是独一无二的亲情、友情等特殊的情感连接在一起的。我对你列出的"悲伤"很感兴趣，不过这里似乎没有着重涉及；还有提到了"满足"，也是很棒的元素。那个小男孩，串联了故事的大半个核心，他是什么人？可以设计为巫王的那个弟弟吗？或者转世的弟弟？或者相关的其他角色？小男孩既然进入到故事这么深的境地，需要给他更多任务和合理性。

24 公主与海豚

星雨亦（唐华景） 四年级

关键词1：巧克力

我是飘雪国的公主。

飘雪国永远都在下着纷纷扬扬的浪漫小雪，地上永远铺着洁白无瑕的松软雪层，每间房屋都是小别墅，像用积木搭成似的，雪地里立着挺拔的树，很美。我最喜欢的是这里的巧克力。飘雪国的巧克力都是白色的，含在嘴里有一种温暖的感觉弥漫开，香浓甜美。无论何时何地，我只要含一块巧克力，就觉得内心涌出一股暖流，觉得无比快乐无比平静。

关键词2：滚烫

我是公主，每天我都会读飘雪国著名作家罗西·爱兰斯的小说。一个私人教师——芭比塔小姐教我写诗，给我分析罗西的文章，带我学算术和各种知识。我每天都要管理各项飘雪事务。每天清晨，大地被黎明的银辉包围时，以及每天黄昏，夕阳使天空燃起火焰，到处暖融融时，我、父王、母后和芭比塔就会出去散步，感受大自然的美好，去那永不冻结的碧琴湖观景。我以后将要当飘雪王，指挥整个国家，所有人都对我恭敬得不得了。

但是我不快乐。总是觉得生活不够“烫”，我渴望如小说里的人物那样刺激、疯狂、传神地活，我渴望“烫”的生活。而且，我是公主，是未来的飘雪女王，必须时刻保持极度的温文尔雅，以便满足大家的视觉需要，累死了、渴极了还得小口抿茶，热极了也要继续娴静微笑。再者，治国是一个沉重的担子。管理不好怎么办？内乱怎么办？有人不服怎么办？我要管理的，其实是成千上万的人啊！这使我无比紧张。我不喜欢大家都等我安排的感觉，那样我会觉得很孤独的，因为大家都望着我，我却得让自己做一个关于众多生命的决定。

关键词3：镜子

这天，我正在读一本小说。突然，有人敲门。我开了门，只见门口站着一个少女，她穿着一件漂亮的大衣，裹着围巾，一张清秀的苍白的脸，秀丽的眉毛下一双长得十分端正的如水般的大眼睛。

“你好，”她说，“我是飘雪国的快递员，公司让我给每户人家送一面镜子。”

她摸出一面刻着花纹的看起来十分古老的镜子，递到我手中。我是女孩，自然对镜子有特殊感情，翻来覆去看了半天，舍不得放下。

我抬头对少女说：“谢谢！你叫什么名字？”

“洛忧。”少女说。

我发现镜子上竟有一层薄薄的霜，就去擦。咦，怎么越擦越模糊？现在，镜子上已经蒙了厚厚的雾。我努力地擦洗，可一点用也没有。我看了一眼窗外，今天的雪景特别美，特别迷人，可是不知道为什么，以往热爱观景的我只想看镜子。

“镜子看不清吗？”我吓了一跳，喔，是洛忧。她凝眸望向舞蹈的雪花，叹了一口气，接过镜子，修长的手指轻轻抚过镜面。立刻，镜子清晰了，映出了美丽的雪景。

关键词4：逍遥

我笑道：“谢谢你。”并拿出我最好的雪球果和巧克力和洛忧分享。我吃着，觉得味道不错，洛忧却无比幸福的样子。洛忧朝我笑笑，问：“你快乐吗？”

“不。”我的所有隐藏的想法决堤了，“我觉得每天太平淡，况且我以后要当飘雪王，担子太重了。我总是万事顺利，这……”

“那你希望过上什么样的日子？”洛忧微笑着。

我脱口而出：“自在，刺激，滚烫！逍遥无牵挂，不用管各种琐事！”

洛忧若有所思，点点头。

关键词5：孩子气

我已经十七岁，虽然飘雪国民二十岁成年，但我也算大了。可是，我仍然有一颗带着孩子气的心，至少我这样认为。这不，我见洛忧似乎赞同，起劲了，忘了我是公主。话语如泉水往我口外涌不停，我激动地说着我想要的生活，在房间里走来奔去，比比画画，说到高潮时几乎喷出唾沫来。我说，我想像老鹰尽情飞翔，就伸展手臂，真的“飞”起来，还稚气地咯咯笑。我说，我要像海豚畅游大海，就扭着腰，想象着如何潜水……我的愿望实在是太……太不可思议，但只有小孩才会乐于思考。

我大叫我不做飘雪王，为表示坚定，我吭哧吭哧把我一整大盒皇冠巧克力刻上大大的“X”。

关键词6：行动

我讲完了，喘息着，突然发现自己的行为有失身份，挺尴尬的。洛忧笑着收拾好那些画着X的巧克力，把镜子对准了我。咦，我感觉怪怪的，身体仿佛要飘起来。突然，镜子里伸出一只无形的手，把我一拉！我觉得身体腾空飞起，又啪，好像掉进水里一样。

不对，我确实掉进水里了！这是一片融化的玻璃般银泽闪闪的海，碧蓝的海水卷起雪浪。我摆摆尾巴游起来。唉，我不是人吗，怎么……我看了自己几眼，发现我已经变成了一条海豚。我对自己的模样挺满意，光滑修长曲线优美的身体，肌肤是那种罕见的梦幻的淡粉色。我快活地吞了几条鱼儿，觉得很鲜美，如果在以前，我绝对吃不下。

我饱了，摇摇鳍，一头扎进海里。海水像缎子从头顶滑过。突然，一道黑影射来，带着一股血腥气。我来不及躲闪，头一勾，尖尖的嘴对准它猛戳，尾巴疯狂扇打，肌肉绷紧一个劲往那家伙肚子撞。过了半天，那家伙肚子一翻死了。是条鲨鱼。我的背和侧腹也受了伤。我内疚地看看鲨鱼，如果不杀它，我就死了。啊！我一回头，一大波鲨鱼游来了。我被那雪白的利牙晃晕了，只闷着头疯逃，终于甩掉了它们。此时，我的肌肉早已发麻，我的神经也几乎崩溃。啊，当海豚真累！我让左右脑轮流休息着，在海中散步。我接近岸边了。

哦，一个少女在游泳。我曾是人，也不怎么怕。咦，她怎么……我冲过去，果然，少女已被漩涡卷住，即将溺水身亡。我什么也没有想，自然而然地低头，用尖嘴缓缓顶着她的腰，将她顶到额上，腰尾用力，一点点将她推上了岸。我累坏了，只匆匆看到女孩喊了声谢谢便游开，想找个地方停一下。啊！

关键词7：知足常乐

我感到自己飞了起来，我又站在了房间里。我困惑地向四周望望，过半天才反应过来。我是做了个梦吗？不，是镜子的魔法。洛忧不见了。桌上有一封信，信上写着：

每个人都不容易。动物生活仿佛自在不已，其实也有压力。满足吧，你和他人相比已经很快乐了。不用紧张，只要尽力治国，尽力，对得起自己就好。洛忧，Love you!

叶开老师评：

唐华景这个"飘雪国"的设定很特别，尤其是"飘雪国"的公主、注定要继承王位的，有着通常"公主"们的优渥生活，然而却感到不够丰富，不够刺激，渴望"滚烫"的生活。或许，人都渴望自己所没有的东西。公主渴望变成一条鱼，来到海上却发现横行着鲨鱼。

一个人，只要有梦想，都有不羁的心吧。你写得很生动，自然，"飘雪国"也很美，什么都是白的。我相信，这也是你对人身上的"枷锁"的一种思考。一个人渴望"自在，刺激，滚烫！逍遥无牵挂，不用管各种琐事！"这种极度的自由，世界上大概只有极少数人能获得，大部分人，都是"一日囚"，被囚禁在每一"日"里，每天过着同样的日子，而其实不自知自己是"囚人"，那才是真正的悲哀。然而，洛忧也给你一个"梦镜"并在梦中变形的机会，从而让你经历了一切，并且发现了责任和无奈。这样的思考，已经很成熟了。

我想，写作、想象、创造，大概是普通人得以升华而为丰富者的最好方式吧。你想想，罗琳阿姨通过创造《哈利波特》而成为一个世界的造物主，她自己也从一个普通人升华为一个拥有丰富物质生活和精神生活的人。

25 我是谁

李牧天　六年级

当一个本不属于这个世界的人被强行关在这个世界中，他的感受你知道吗？我是谁？我和你并非同类。

关键词1：色盲

大家都叫我色盲，色盲这个词语用在我身上是多么错误，是多么愚昧呀。我不是色盲，以我的角度看全人类都是色盲。平常人眼中只有三种色素细胞，而我远不止这些，我的色素细胞起码有五种，所以我能看到你们看不到的色彩，这些色彩不能用红黄蓝绿这些你们能看到的色彩来形容，因为它不是你们所能见到的，也不是你们所能感知到的，更不是你们能窥探到它一边一角的。

关键词2：皱折

如果你生存在一个大地是起伏的、空间是扭曲的地方，你能活下去吗？我就熟悉了这种极端的环境，并且生活得很好。走在大街上，道路波澜起伏，两边的墙壁弯曲着，形成了一个弧形通道，头顶上的天空也在朝我压过来，你一定很奇怪，因为我所说的与你所见到的世界大有不同，因为宇宙本身就有曲率，你生在曲率中，你也有曲率，自然无法发现，而我本身的曲率和这里的不一样、不相融。所以我恨这个丑陋的容不下我的三维宇宙。

关键词3：几何

我热爱数学，在数学中，我最着迷的是在老师眼里我最一窍不通的几何。第一次做几何就发现图形的形态在我眼中会重组，重组后的图形十分离奇，不能用任何已知图形来形容。因为它既不是由直线组成的，也不是由曲线组成的，它既封闭又开放，用三维的语言无法解释。而立体图形则更加奇怪，我竟看到了一个七维物体！没错，七维！当我将其中两个临摹下来给其他人看时，他们会异口同声地说这不就是正方形和正方体吗？顿时，我如同被重锤砸了一下似的，半天回不过神来。

关键词4：先知

我的大脑有时会突然迸发出强烈的电波，使我的大脑中一些未开发的部分被使用。我的思想与精神飞快运转，导致我的思想瞬间定格在未来，再如同慢镜头回放一样倒退着回到现在。经历这一过程后，现实时间只花了约千分之一秒，而我有一种忽然被惊醒的感觉。生活就这样离奇而丰富地进行着，然而命运的车轮悄悄地运转，它正沿着特殊的道路前进。一天，我来到了未来，看见自己正在手术台前为病人做手术，动作娴熟稳健，我觉得医生可以挽救生命，是很伟大的职业，因此决定现在苦修医术，救死扶伤。

关键词5：行医

我刚当医生几天，就发现原来行医轻而易举。我能在人类身上见到光圈，那些光圈是普通人见不到的，而我却能通过他们的大小亮度和颜色看出人们的病症。因此，许多看似必死无疑的病人都被我治好了。渐渐地，我的名气越来越大，被人们誉为“妙手回春”的神医。就这样，我又过了一段以医谋生的生活。直到有一天，一位不速之客的到来，改变了我的命运。

关键词6：老乡

一天，一位黑衣男子走到我的面前，他压低了声音对我说：“我是你的老乡，跟我来，我们要回家了。”

他的双眼炯炯有神。我很吃惊想着：我哪有什么老乡？

但男子拉着我走到了一处无人角落，对我说："你是七维的星云生物，你一定发现了自己与常人的不同吧？你不属于这个宇宙，你因为掉入虫洞而到了三维，你用最后的意识将自己改变成三维生物，然后就失忆了。现在一切都结束了，来吧，回家吧。"

听到这里，我热泪盈眶，在这个容不下我的世界苦熬了这么久，终于要得到认可了，我坚定地说："走，咱们回家。"

一片黑暗袭来……

关键词7：家

这已经是我在七维空间醒来后的第三个七维年了，每当我抬头仰望着星空，总会想起过去的岁月。

现在我是七维空间的大作家，写了很多关于三维空间和地球的书，当然更多的是关于哲理的，讲述对"家"的信仰。今天，又遇到了七维的流星雨，我不禁想到过去在三维空间的生活，那时我也看着这流星雨，问着自己，我是谁？

叶开老师评：

哎呀，读得津津有味，饶有回味，十分有趣。你这个设定很棒，是七维生物偶然掉入虫洞而来到了（我们可怜的地球人的）三维世界，用最后的意识把自己改变为三维生物然后就失忆了，但是，身为貌似普通地球人的"我"，仍然有某些特殊的能力。我可以引申地说，其实，每个孩子，都是七维生物落在了三维空间吗？哎呀，有点鸡汤文的味道。

你这个"七维生物"的想法超棒，而且你的开头简直是我最喜欢的，容我引用一下："当一个本不属于这个世界的人被强行关在这个世界中，他的感受你知道吗？"这个设定，一下子就把主人公的特异身份明确出来了，他不是"普通人"。

写作的最好的气氛，就是一开始就不是"普通人"，这样，就怎么写都有意思了。这样，后面的"色盲""皱褶""几何""先知"等词条，都是自然而然地，就写得趣味盎然又非常严谨。高维生命这个词，自从《三体》之后似乎已经很普及了。我是普通地球三维人，很难想象三维之外除了时间维度的其他高维。这个，我们三维人太局限了，感谢你们"七维人"的帮助。高维进入低维，自然势如破竹，而且类同于先知。"我"既然是"失忆"，那么残留的那些能力，都是不知不觉中流露出来的，对吗？这样，就非常合理了。

祝贺你创造的特殊视角，这样写作，会很有快感的。这才是愉快的写作。

26 穿越之旅

钱思成　四年级

关键词1：爬树

说起爬树，我可是高手。不管每天很忙还是很空，我必须上树三次，否则心里就特不舒服。不知道有没有比叶开老师爬得多呢？一棵比我高很多的树，我三下两下就能爬上去。不管三七二十一，我先用手抓住一根自己可以够得到的树枝，再把脚踩到树皮上，然后手一下一下向上抓，脚慢慢往上蹬，手向上抓一步，脚也向上蹬一步，就在我的脚快要蹬到树枝上的时候，我手和脚都用力一蹬，然后顺利到了树杈上，接着再一步一步往上爬。爬到树上，躺在上面，那感觉真是好啊！

关键词2：轮滑

玩轮滑是我的强项，在伙伴们中，我是轮滑玩得最溜的一个。我想到了一个好玩的玩法，我们准备搭一个可以通到马路牙子上的斜坡，然后我们穿上轮滑用最快的速度冲上去，看看会有多么刺激。不一会儿，土坡搭好了，我从房子一头开始加速，就像一只离弦的箭一样“飞”了出去，一下子冲上了斜坡。

关键词3：BA567小行星

这是哪里？这里的土地可真软，都可以跳起来了。说着，就跳了一下，结果一下子飞起来半米高，我兴奋地开始跳着走起路来。突然，我被一个什么东西绊了一下，低头一看，居然是一块一边是蓝一边是红的石头。我往左右一看，左右两边各有一个红色的星球和一个蓝色的星球。于是我决定去红色星球看看。

关键词4：红色星球

我在太空里“游啊游”，终于来到了“红色星球”。这是个奇怪的星球，我发现那里的人都有着长长的红色头发，长得几乎要到脚底了，他们的眼睛却是白白的，好像在翻白眼。他们看到我，没有一点意外，其中一个对我说：“旁边都是空房子，自己挑来住吧！”

我很惊奇，他们说的居然是中文。

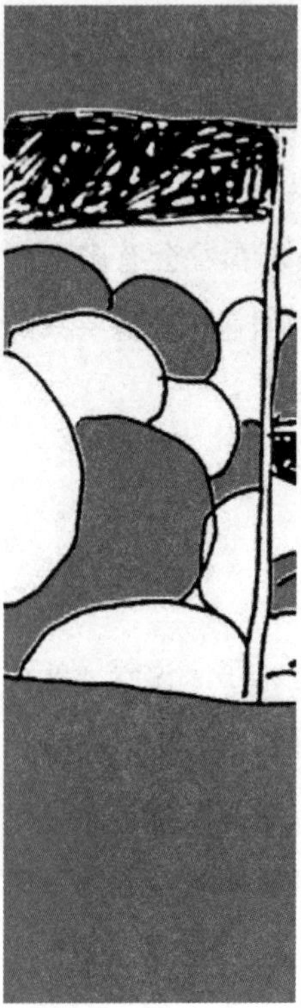

他又开口道："你是外星人吧？我们这里是川陀，你来自哪里？"

"我来自谢顿博士的第二基地。"我想，但我没有说出来，这是一个秘密星球，不能随便说的。我捏造了一个星球。

于是我挑了一座宫殿一样的大房子，大房子上有一块大牌子，上面写着"无人"，于是我住了进去。里面有很多自动化的东西，纳米气垫软床，电视自动打开，上面写着川陀第一新闻，播音员说道，川陀和端点星将爆发一次大战，目的是拿到那颗复活石，屏幕上出现了一颗红蓝相间的石头。我一惊，这不就是刚刚绊倒我的那块石头吗？难道我包里的这块石头真的是一块复活石？我决定把它带回第二基地。

关键词5：翻译

回到第二基地，我把复活石放入了融化箱，2秒钟后，复活石变成了液体。我用特殊显微镜对液体进行分析，发现它有起死回生的能力。过了一会儿，液体冷却了，上面居然显现出一些不知名的文字。我把它放进了翻译器，几分钟后，屏幕显示："未找到结果，请重新放入！"于是我又把石头放了进去，这一次，屏幕显示出一行文字："第二基地北京路19号，向前走30步，快速冲过去，可到达月球。”

这不正是去月球的秘密方法吗?

关键词6：星球大战

红色星球的人到处寻找复活石，然而没有结果。他们翻遍了整个星球，最后竟然把星球炸开了，最终发现这世上根本不存在复活石，于是他们又把星球的碎片重新拼装组合。就这样，有复活石的传说被打破了。星球大战最终没有爆发。

关键词7：旅游

所谓的复活石被我偷偷销毁了，但“第二基地北京路19号，向前走30步，快速冲过去，可到达月球”却流传开了，人们纷纷尝试，还真顺利到达了月球。从此，红色星球、蓝色星球以及月球都成了人们喜爱的旅游胜地。

叶开老师评：

钱思成也变成了《银河帝国》的迷了！是受我的影响吗？这个川陀和第二基地，一明一暗，似乎“第二基地”是不能说出来的呢。因为，第二基地，事实上就在川陀（我记得如此）。所以，你这个不能暴露啊。我冒昧给你改了一下，随便捏造一个什么星球，不能暴露“第二基地”（还是隐瞒起来好）。

"爬树"这件事情，因为叶开老师说多了，大家可能觉得叶开老师就是爬树高手，其实在我小时候，小伙伴们比我厉害得多。但是他们吃亏在于不会写作，无法吹嘘自己，真是可惜了。可见，擅长写作多么重要啊。现在他们要说自己比我更擅长爬树，都没有人相信他们了，哈哈。

"复活石"这个令人意外，尤其是能够穿越到月球。你知道吗？在《银河帝国》里，要找到传说中的人类摇篮——地球，可是费了无数的劲啊。至于月球，就更不用说了，那是一直保护人类在整个银河系发展的机器人的秘密基地。

27 第二塞勒姆

何 欣 六年级

关键词1：危机四伏

xxx年x月x日，凌晨一点，英国魔法部。我们在办公室里等待。这是自伏地魔灭亡以来少有的一次全员通宵，因为部长的一纸急令：所有魔法部成员于凌晨两点前往魔法部大会厅进行集会。一整晚人心惶惶：是什么值得部长召集全员？又为何在凌晨？

会厅里人群相互拥挤，神情紧张惶惑。浑厚的钟声传来……凌晨两点。部长大步走上台。

“各位，也许你们还不敢相信，现在巫师处于十分危机而严峻的时刻，就是我们俗称的塞勒姆时代。因此，凌晨开会利于安全。”部长以这样惊悚的话语开头，引得许多人倒吸一口凉气，大家议论纷纷，“这一次危机，隐藏在虚假的和平之下，暗流涌动。诸位想一想，从什么时候开始，麻瓜们开始提出身边有邪恶的巫师，并在街头巷尾提出斩灭巫师的口号？又有多少麻瓜开始质疑？这一切，都表明巫师界已经极易暴露。麻瓜们开始警觉，开始怀疑，开始恐惧……一旦巫师界暴露，一切就会紊乱。请对我的话保持信任，我已动用许多力量在世界范围内验证。所以，我要求你们每一位保持高度警惕，绝对不要在任何麻瓜面前露痕迹。从今日起，所有通往有麻瓜居住区域的任何交通工具被禁止，巫师界全面戒严。立即发布并执行命令。散会。”部长神色严肃，高声宣布。

长久的沉默，所有人面色惊惧，说不出什么。

但我深深明白。

关键词2：忙乱

会议结束后，部里陷入无穷的忙乱中：交通司，国际合作司，法律执行司……我也忙前忙后，不可开交。一位老巫师抱怨：“梅林的胡子，希望部长不是中了胡话魔咒。”

哎，梅林在上！

关键词3：秘密计划

时间飞逝，晨光初照，早晨六点。部长助理果然领我去那个地点。不出所料，部长早已在那等候。

“莫里森，你是我见过最年轻优秀的傲罗，”部长对我微笑，“别人兴许不会相信我的言论，但你显然已知道局势的严峻。因此，我需要你实施秘密计划。”

我淡然看着她：“我准备好了，部长。”

“你必须伪装成一位麻瓜，到最严峻的美国侦查，我已与美国方面联系，有巫师会帮助你完成，你只需将情报汇报给秘密傲罗，秘密破坏麻瓜们的侵扰。”

关键词4：麻瓜世界

我立即动身，很快抵达美国。在这里，我必须扮演好一名旅行家的角色，隐藏一切魔法的痕迹。变为麻瓜很不容易，我在他人协助下，几乎花了半个月才学会如何像麻瓜一样“正常”生活。除此之外，我仍需借旅行之便，默默调查可疑人士，帮助巫师界平安度过这段极为艰难的岁月。

关键词5：第二塞勒姆

几近两年的时光过去了，巫师界陷入了空前的危急与不安之中。之前所有不信任部长的巫师都无奈地承认了不幸。而我只能寻觅些蛛丝马迹，根本无法抓获罪魁祸首。眼看巫师界即将暴露，我真是心急如焚，却毫无突破点。美国魔法公会高高悬起的红色高危警报，只能一日又一日地带来高压。

在一座荒僻的小镇，又熬了一个通宵，我疲惫地跌坐在杂草丛生的小径上。依旧毫无结果。一瞬，我发现了异样：一些古怪的淡红色光点在身后破败的小屋间频闪，再加上扭曲怪异的栅栏，我一刹那明白了些什么，随光点的奇异规律叩着栅栏，一条昏暗窄小的

甬道出现了，通往地下。

难掩激动，我微微颤抖着走下甬道，几个尖利而令人厌恶的男声响起。我只听到了零碎的“第二塞勒姆”“反叛”“复仇”等词语。

那就是威胁整个巫师界的团伙！我想我抓住他们了！

一个男人突然发话：“我想我们来了一位不速之客啊。”我顿时战栗，想悄声离开。不料那个男人瞬间出现，边奸笑边高喊：“抓住你了，偷听的小姐！迅速出手，把她的魔杖拿走！”我被他锁住手腕，无法脱身抢回魔杖。

“可不要抵抗，小姐！你算是完了，没人看见，没人救你！”男人以他尖厉的声音继续高声大叫。一个矮墩墩的男人将魔杖对准了我，念着一些含混不清的咒语，一道紫光射来……

我头脑立刻混沌不清，跌跌撞撞。心一横，我抢过那男人手中的魔杖，动用我所有的记忆，施出攻击的魔咒，火光四溅，烟雾四散，男人似乎倒了下去……我陷入黑暗。

关键词6：重归宁静

待我苏醒，正住在一间干净朴素的房间。一个热心而圆胖的女治疗师坐在我身旁。从她口中，我得知我确实发现了塞勒姆危机的罪魁祸首以及团伙。他是位丧心病狂、一心报复巫师界的邪恶男巫，这一次居然联手几位别有居心的麻瓜实行“第二塞勒姆”计划。最终交由美国魔法公会审判处理。

关键词7：凯旋故里

不久，我返回了英国。天空湛蓝，猫头鹰高高盘旋。

叶开老师评：

祝贺何欣，这次运用你对《哈利波特》的深刻知识，很有创意地写出来了一个巫师世界的新动荡——还有"第二塞姆勒"是不是从"第二基地"中得到的灵感？作为一名年轻的奥罗，"莫里森"受命前往美国调查，这是很棒的展开，有点像《神奇动物在哪里》的气氛，很多事情无论好坏都发生在美国，哈哈。但莫里森终于找到了"第二塞姆勒"，却被巫师界的邪恶男巫给发现了，并且，在遭到"一道紫光"的袭击后，还在头脑混沌不清、跌跌撞撞的危险情况下，使出攻击魔咒，击败了邪恶的男巫。这个故事写得非常精彩，非常合理。要说哪里可以提升一点的话，我觉得可以加一点内容，说明邪恶男巫和他的团伙具体干过什么坏事情，他们的秘密计划是什么以及打算如何实现。这样会更生动。

28 量子我

杨依桥 六年级

关键词1：变形

我们星系啊，是一个独特的星系，不像你们这些在看我文章的地球人所在的银河系，而是由一个个星球组成的。我们的星系，是没有陆地的，是一团虚无缥缈的尘土。那我们是怎么静止下来的呢？那就要靠变形了。当这些尘土开始移动，说明一个量子体就要诞生了。四面八方的尘土聚集过来，靠近中间这个闪亮发光的量子，凝聚在这个量子上，渐渐地变成一个巨大的球。对，你没有听错，就是一个巨大的球。之后，这个球会扭曲，变形，成为一个任意的形状。这，就是我们所有人最初始时的样子。在三百年之后，我们就会有基本的意识，可以自主改变自己的形状了。

关键词2：游戏

我们星系的人，在可以改变自己的形状之后，干的第二件事就是做游戏。别看这游戏轻松，但是耗费的时间可着实不短，至少70年！这项游戏，所做的就是去其他星系当一个人。举一个你们中国人听得懂的例子吧。孔子，一个你们所谓的圣人。其实，他就是我们星球的一个人。他回来的时候，还被我们的领导人骂了一顿，说他表现得太不像个地球人，身高变得太高，说的话也太先进了，在中国搞出一场大风波，差点违反了我们游戏的第十条规则“低调来，低调去”。现在，他正被我们领导人惩罚着做苦工呢。还有马云，他也是我们星球上的人，干的也太过火了，变形也不正常，估计回去也是一顿臭骂。总而言之，这个游戏一定要把握好玩的度，绝不能超出规则。

关键词3：能量

由于我们星系的人都是由尘土和一个量子体组成的，所以说如果受了重创，被打散的尘土也会重新凝聚回来，但量子体能量的衰减却是绝对无法避免的。我们之间寿命的长短，就是看能量体中所蕴含的能量的多少了。例如我们的领导，蕴含的能量是我们普通人的十几倍，寿命长十几倍就不说了，他的智慧、他的能力都比我们这些老百姓强得多。我的能量，大概够我活到四千多岁了，我智力中等，变形的能力却是不同凡响，只要自己想象力够，想变成什么都可以。

关键词4：派别

在我们星系中，有一套特殊的体系制度，就是派别。每一个我们星系的人都有着自己的派别。总共有五种，由自己的量子体来进行分类。天蓝色的是博学派，象征着智慧；黑白的是公正派，代表着平等与公平；灰色中间带红色的是勇敢派，象征着无畏；透明的是无私派，象征着奉献与忘我；绿色的代表着和平派，代表着友好。还有一种最特殊的量子体，呈七色。这种量子体的拥有者全都是特别厉害的人，例如领导，还有我们的游戏规划人。而我，就是拥有和平量子体的人。所有人的量子体全部都是不同的，所有人的量子体的颜色与种类就决定了这个人的性情与天赋，也就是这个人的命运。

关键词5：快乐

也许你会问，既然一个人命运已经被决定了，那么快乐又从哪里来呢？其实，我快乐起来很简单。我是一个和平者，我的使命就是去帮助别人，解决纠纷。但怎么帮，怎么解决，就是每个和平者自己的问题了。我在帮助别人的过程中，就可以得到许许多多的快乐。例如变形，将自己变成一只飞猪，变成一个海狮，都是我百

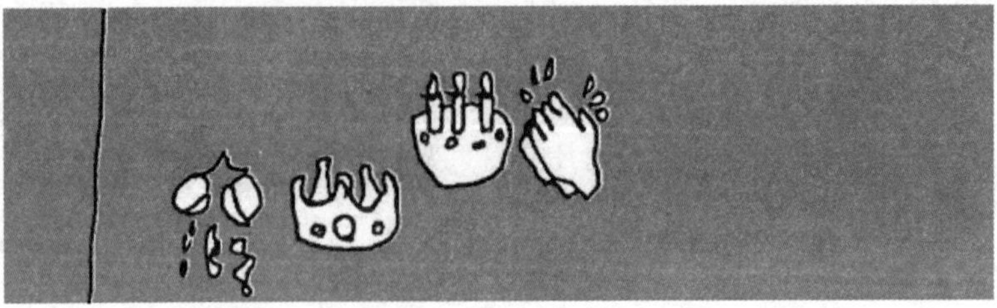

玩不厌的技法。还可以取下自己的一点尘土，化为一颗糖果，送给那些需要帮助的人。看着他们的笑脸，我也会不自主地乐起来。当我看到有纠纷时，我会化成一堵屏障，拦在两人之间，讲个笑话，说个故事，让他们瞬间释然。作为一个和平者，我的防御能力非常强，能挡住十个勇敢者的攻击，却没有一点点攻击能力，因为在每个和平者心中，都没有武器，也就变形不出来武器，伤不了人了。

关键词6：规矩

我是一个非常受限制的人。作为一个和平者，最大的规矩就是不伤人。虽然我们变形不出武器，单凭我们自身强大的防御能力，用肉身打伤一个平民也不是一件难事。所以政府又下了一条规矩，从“和平者不能变形出武器”变成了“和平者不能成为进攻的一方，只能进行正当防卫，而防卫时也绝不能顶撞”。这就让急脾气的我十分不爽了。若是有发疯的勇敢者把我当靶子，变形出一把血滴子镰刀，而我只守不攻，那我绝对会死于非命。政府就给了每个和平者一条福利。

关键词7：不朽

看在我们每个和平者都因为这个规定而大大增加死亡率，政府就给了每一个和平者一种超能力：不朽。这可以让所有的伤口迅速愈合，并且增加生命力和防御力。这样一来，和平者在捍卫和平时，只会有皮肉的痛感而不会伤到筋骨了。

这就是我们星系的有趣之处，希望看这篇文章的每个地球人来世都能成为我们的一员，成为我的朋友。

叶开老师评：

杨依桥这篇作品完全是"另起一行"的新做法，完全创造了一个新的"宇宙"，量子态的"生命"，他们与地球人的各种不同。

说老实话，要创造一个新的"文明"和"生命"是非常困难的，因为新的形态需要有新的关系，这些都要想得很清楚。但这些你都考虑到了。尤其是，量子态生命变成孔子和马云，虽然有点谐趣，但也成立。而分成若干种不同颜色的量子态，这个想法超棒。或许，银河系以外的星系，都是其他形态的生命，如硅基生命、能量生命、信息生命。量子人，大概算是能量生命？反正，看起来很厉害，尤其是"游戏"这一把，玩得超棒，哈哈。至于"我"作为和平者，你设计了很多priority——优先权，这样也算是"主角光环"吧，总之，虽然不能攻击和防卫，但是可以"不朽"，这样，就避免的"主角"惨遭不测了。

29 宇宙吃货

杏儿飞影（沈杏）四年级

关键词1：宇宙吃货

我是来自宇宙的吃货Eat，我吃过水星、火星、金星、木星、土星……却不曾吃过地球。地球会是一种什么味道？我太想去品尝一下它的味道了。于是，我来到了地球。

“哇！”这个星球好奇特，天空中飞着一群长着羽毛的怪兽，我抓来一只放进了嘴巴里。“哇哦！这味道简直太棒了！”于是，我决定要找到更多好吃的东西。真巧！那边走来一个长着两只脚、两只手和一个脑袋的小怪物，这是什么？我也要尝一下，于是，我又抓起一个小怪物放进了嘴巴里。“哎呀！这味道简直太美味了。”从此，我便在这儿定居下来，直到吃完了整个地球。

关键词2：书迷

一天，我去书店买书，买完书后,我走出书店就翻开我的新书——《猫武士》。我一边走一边看，“咣当”一声，我撞到了一个又大又粗的电线杆上。此时，我的头一阵眩晕。

“哎呀！”我的头飞出去啦，手中的书飞到了我的脖子上。从此以后，那本书就永远长在了我的脖子上。而我的脑袋却再也找不到了！

关键词3：漫画

那天下午，我一个人在房间里画着我喜爱的漫画。突然“嗖”的一声，画里的那个小男孩跳了出来对我说：“谢谢你把我放了出来！”我吓得连连后退。小男孩向我走来，我吓得一溜烟地跑出去，可是小男孩却紧追不舍。于是，我不停地跑呀跑，跑呀跑！最后，我实在跑不动，晕倒在地上。当我醒来的时候，却发现自己躺在床上。

“杏儿，快起床啦！别睡懒觉了！”妈妈叫喊着。我看了看床头的闹钟，“哇哦！都早上十点钟了！”于是，我又看了看床边的书桌，那幅漫画却在我的桌子上。

关键词4：寄生兽

在我们R星球，每个人的身体里都住着一只寄生兽。每只寄生兽长得都不一样。我的寄生兽住在我的右手里，当遇到危险的时候，我的右手就会变得超级巨大，每一个手指可以变得很长很长，而我的食指就会变成寄生兽的眼睛，当危险来袭，我的寄生兽就会发起进攻。住在地球的人类总会来侵犯我们，在一次和地球人类的战斗中，我的寄生兽牺牲了！我们也被人类驱逐，离开了我们自己的星球。现在的我们只能在太空中游荡。

关键词5：英语

英语一直是我讨厌学习的语言，可是，妈妈总是让我不停地学习。有一天放学，我走着走着，发现路旁有一扇七色的彩门，便好奇地走了进去。哇！里面有着很多的“歪果仁”，我刚想说一声：“你好！”可嘴巴里却蹦出：“Hello！”我的嘴巴怎么了？我又试着说：“再见！”可是我的嘴巴里依然蹦出了英语：“Goodbye！”天哪！这是怎么了！于是，我的嘴巴不停地蹦出了英文。太好了！我居然可以说出一口流利的英文了！我高兴极了，一路跑回了家，兴奋地想用英文和妈妈打招呼。可是，嘴巴里蹦出来的居然还是中文。这是怎么回事？于是，我跑了回去，去寻找那扇七色的彩门，却怎么也找不到了！

关键词6：小孩当家

在地球上都是大人说话算话，可是在我们的星球都是小孩说话算话哟！每天放学回家，爸爸妈妈必须要帮助孩子写作业，如果作业写得不工整，没有得满分，就会被我们孩子打屁股。大人不可以看电视，不可以看手机，不可以炒股票，如果违反规定，就要被罚站在门口，还要写检讨书。

关键词7： 机器人老爸

放学回家，我突然发现爸爸站在厨房一动不动，不管我怎么喊他，他都不理我。我很害怕，不知道发生了什么事，就急忙喊着：“妈妈！妈妈！你在哪？”

这时，妈妈不急不忙地从楼上下来，说：“干吗呀！声音喊那么大！”

我急忙跑过去说：“爸爸怎么了？怎么不理我？眼睛也不眨一下！”

妈妈突然大笑起来：“哈哈哈！这是我一个月前刚在淘宝上预订的智能机器人，我把你爸照片寄给了卖家，让他们按照你爸的模样做了一个，今天快递才送到家。”

我舒了一口气，说：“妈呀！你能不能别吓我呀！”

妈妈这时冲着机器人喊了一声：“老公，赶紧扫地去！”于是，机器人老爸迅速地把家里的地打扫干净。

老妈接着又指挥说：“老公！给我捶一下背！”

只见我的“老爸”走到老妈身后，轻轻捶打妈妈的背部。妈妈说："你能不能使一点力气呀！"只见老妈立刻从我面前飞了出去，一屁股坐在了大门口。老妈很狼狈地从地上爬了起来说："这是什么机器人呀！还说是超级暖男智能版！我要给卖家差评！"

我哈哈哈地大笑起来。

叶开老师评：

"杏儿飞影"是你的笔名吗？你的笔名起得好，这篇文章也写得脑洞大开。

写了七个关键词，基本上每个关键词都是独立的，有些跟你的自我分析有关，有些跟你的生活环境有关，有些跟你的梦有关。其中，"宇宙吃货"这个简直太厉害了，吃掉了地球所有的东西啊。但你看，在"寄生兽"这个想象力超棒的精彩词条下，你们又被地球人类驱赶了。我们做一个分类的话，会看到"书迷""漫画""英语""小鬼当家"是直接跟你有关的，"机器人老爸"是你对家庭的想象，妈妈被捶背飞出去，大叫给卖家"差评"这个细节有趣极了。这么多词条，大概可以分成三类，各有不同的指向。因此，虽然每个词条都写得很棒，但是稍稍缺乏整体性，不是一个完整的故事。你可以思考一下这个"整体性"问题。

今后写作，要有点整体性观念。不过，你的想象我非常喜欢，"宇宙吃货"这个想象超赞，具体再想想，会很有意思。

30 鼻涕国历险记

段乐盈　三年级

关键词1：画画

在战国时代，我在秦国专心致志地画着画。高大的城墙外，战火纷纷，秦国是当时最强大的国家，也是最安全的国家。我坐在窗台前，用五彩淡淡的水彩颜料，画出许多动物，鹿、熊猫、狮子。正当我美滋滋地欣赏时，突然，画纸发出“沙沙”的响声，一头威风凛凛的公鹿出现在我眼前。再看画纸，我画的鹿不见了。我还没回过神来，“沙沙”的声音又传来，画纸上的动物一只只真实地出现在我眼前。我意识到我的画变成真的了。我开始不停地画，需要的、喜欢的、梦想的……

关键词2：吃货

这天中午，我正在睡觉，忽然被一阵喧闹声惊醒。我站在一座富丽堂皇的宫殿里。周围有一群像我一样高的食物在窃窃私语，一股甜甜的蛋糕香味沁入心脾。宫殿的正中有一华丽的巧克力波浪形蛋筒宝座，上面坐着一个头戴冰块皇冠的圆球冰激凌国王："我是食物王国的国王。你是来自人类世界的，因为吃了太多探访人类世界的食物，你要被关进监狱，现在你把你所有食物全部交上来吧。"

我掏出口袋里的匕首，"哗、哗、哗"把食物士兵的头砍下来，大口吃起来。"嗯，蓝莓蛋糕真甜啊！香肠有嚼劲！"我连连称赞。

冰激凌国王吓呆了，我走过去："你们国家的美味可不少，想必你的味道不会差，我来试试。"没等我说完，冰激凌国王大喊着"救命！"飞快逃走了。

关键词3：鼻炎

我从小就有鼻炎，我很讨厌鼻炎，却无能为力，现在几乎每年都要犯一次鼻炎。

去年的一天，我的鼻炎又犯了，正在呼呼大睡。忽然，一阵风吹过，我来到了鼻涕国。鼻涕国里的百姓都是鼻涕，它们可以直接越过任何物体，我随便找了一个鼻涕："请问，你知道我是怎么来这儿的吗？"

那个鼻涕看了看我："我不知道，不过我知道是大王叫你来的，你现在去王宫见他，往北走100米就到了。”

“谢谢！”说完，我赶快向皇宫走去。一进皇宫，我就看见一个和汽车一样大的鼻涕，他头上戴着一顶金光闪闪的皇冠。

“你是不是对鼻炎非常苦恼？”鼻涕王问。

“是的。”我点点头。

“每个人之所以会得鼻炎，都是因为我派的小兵进入到那个人的体内。你的身体里小兵最多，我们鼻涕国太小，老百姓太多，没地方住，所以才会跑到你们人类体内。如果你想摆脱鼻炎，就要造好100平方米的空间给我。我会召回你体内的鼻涕虫。”我费了一周时间，终于造好了100平方米的空间，送给鼻涕王，从此我再也没犯过鼻炎了。

关键词4：宠物

我讨厌学习，羡慕宠物狗不用学习，天天丰衣足食，过着无忧无虑的生活，多好呀！希望自己能变成一条宠物狗。

这天，我正在给狗狗喂食，突然，一阵刺眼的亮光闪过，过后，我发现，对面的狗狗变成了我，我大叫起来，却发出“汪汪汪”的吼声，天哪！我真的变成狗了！主人把我套上绳子，准备带我出去散步，我很不情愿地出去，唉！我变成狗了，只能听主人的安排。我在外面转了一圈就硬被主人拉回来了。到吃饭的时间了，主人在盘子里撒了些狗粮，我早就饿了，我还没吃过狗粮呢。哎哟喂！怎么这么难吃啊！平时看狗狗吃那么畅快，原来一点也不好吃！我把吃的全都吐了出来。咕噜噜，肚子就开始叫了，可狗粮这么难吃，我能吃点什么呢？这时，我看到餐桌上有块肉饼，就想跳到餐桌上把肉饼叼下来。于是，我先跳到椅子上，然后扒住餐桌，刚要伸嘴去咬肉饼，却被主人抱了下来，呜呜呜，我好饿啊！现在我不想当狗了，我想快点变回我原来的样子，我走到原来变身的地方，这时，那道光又出现了，我又变回了原来的模样，也能说话了。从此以后，我再也不想变成一只狗了。

关键词5：看书

我很爱看书，看书虽然是大家公认的好习惯，可这个好习惯却给我招来不少麻烦。

有一次，老师让我们做《补充习题》，到一点钟开始讲题目。可我当时手捧着书看得入迷，丝毫没有听见老师的话。直到我快看完了才抬起头来，看见同学们都正在打计分格，我心里一惊：糟糕！难道老师说要做《补充习题》了？我赶快问同桌，同桌说："是的，我们刚吃完午饭的时候老师就说过了。"我回头看了看墙上的钟，还剩10分钟！我慌忙奋笔疾书，可惜时间太短了，我才写了一半老师就开始讲题了。你们看，看书虽然是好事，但你们千万别犯我这样的错误。

关键词6：跑步

我虽然很胖，但我感觉我跑步还是挺快的。

快到学期末了，体育课要400米考试，当我听到400米这个数字时，感觉内心都要崩溃了。原来是50米，现在一下变成了400米！我最怕长跑了，离400米跑考试的日子越近我就越害怕。考试的时间到了，我的心怦怦直跳。老师把我们带到操场，分好组，每组六人，每人一条跑道。我被分到了倒数第二组，只有五个人。我看着前面几组同学在烈日炎炎下跑步，心想：400米是不是很累呢？我不会不达标吧？轮到我跑了，我惴惴不安地站在了跑道上。随着老师的一声“跑！”我和同学们飞快地跑了起来，我迈动着双腿，向终点跑去。400米可真长啊！我拼力超过了三个同学，第二个跑到终点，用时1分36秒。当我听到这个成绩时我很开心，因为大部分同学都是1分40多秒。原来胖子也能跑出好成绩嘛！

关键词7：肥肉

我是一名女生，很胖，每年体检都超重，对此我很苦恼。

我的肚子是鼓的，堆满了肥肉，我的腿也有点粗。我曾试着用节食的方法来减肥，却总是管不住嘴；我试着用运动来减肥，可体重纹丝不减。同学们也经常开我的玩笑。唉！减肥实在太难了。于是，我改变了穿着和发型，希望能看起来瘦一些。我把头发剪得很短，衣服也穿得很宽松。尖脸露了出来，看起来不那么胖了，同学们也不再说我了。嘻嘻，其实他们是被我的发型和衣着迷惑了。

叶开老师评：

段乐盈这七个关键词，几乎个个都超级生动，精彩，尤其是"美食国"那可怜的冰激凌国王，还有鼻涕国（亏你想得出来）要造100平方米的大房子给鼻涕们住你才能治好"鼻炎"，这个太有意思了。想变成宠物狗这个部分，有了一点"灵魂互换"的意思，发现无论是人还是宠物狗，都各有自己的问题。后面"跑步"和"肥肉"回到了自己，对自己进行反思。我没有见过你，不知道你是不是真的胖。我自己是真的胖，爱吃不爱运动，于是长肉不止。总之，很想变成一个身体健壮全是腹肌的壮汉，但是只能是做梦了。你的这篇作品，前后的部分"写法"不同，后面是现实，前面是虚幻。通常来说，一篇作品里，最好是前后一致，比如"玄幻"就一直沿用"玄幻"，而不要变成"现实"，那样会更有风格，也更加有力量。

叶开总结

第一课讲完，我布置的写作题目是《用七个关键词描述自己》。

在题材要求上，可以科幻、玄幻、写实，不限定。没想到同学们脑洞大开，提交了两百多篇想象力丰富、形态各异的作品，看得我简直惊呆了。

小学生和初中低年级学生，都处在幻想期，会把自己的情感和自己喜欢的对象进行互换，例如读了一本好书，《动物农庄》《哈利波特》《银河帝国》《未来新世界》《2001太空漫游》《三体》《猫武士》《1984》等，孩子们会把自己替换为故事中的主人公，让自己的梦想和愿望“实体化”。这种让梦想和愿望现实化，是人类几乎每一个年龄段都有的特点——少年儿童最丰富，也最敢想象。不压制他们，不限制他们，他们会创造出非常精彩的作品来。套用阅读过的好作品里的角色，再加以再创作的“同人小说”，是孩子们激发自己创作兴趣，提高自己创作水平的极好方法。

莞若清风把《哈利波特》里的凤凰福克斯当作自己，以第一人称视角来写，展现了一个特别的角度，创造了一个完整的新世界。如同造好了一艘梦幻之船，小孩子的丰富想象，就可以如同七彩缤纷的水果一样，满载在这艘船上。

延展得更远一点，也更成熟一点的写法，是木木水丁和狼昨化用了“反乌托邦”小说的方式，来写自己的构想，而达到了超出自己年龄段的高水平，这些作品，深受很多著名作家和学者的赞叹。

至于那些直接写实的孩子，包括写实和写幻的孩子，实际上，都把自己的梦想放了进去。你们看这些作品，是孩子们丰富情感和想象力的体现。在这个时期，他们拥有最好的创造力，我们不仅不应该打击，反而应该欣赏，应该帮助他们更好地激发自己。

这一课的一个新启发是布置写作题目，也要有创意。

好的题目，真的会让孩子灵感如泉涌。

一名语文教师，不能把课外练习册随便塞给孩子了事，而是应从自己出发，从孩子的特殊年龄段出发，结合自己讲授的课程做了深阅读之后，而为此构想出一个能激发孩子创造力的写作题目。

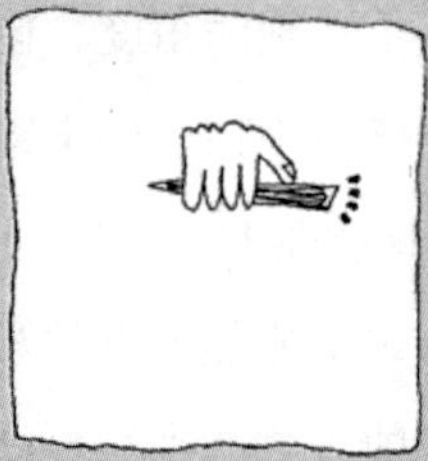